Émilie
de Turckheim

Le Prince
à la petite tasse

récit

CALMANN
LEVY

Couverture
Conception graphique : Olo.studio

ISBN 978-2-7021-5897-5

À Daniel-Reza

LA CHANCE !

Un jour, j'ai dit : « Ils sont des milliers à dormir dehors. Quelqu'un pourrait habiter chez nous, peut-être ? »

Et Fabrice a dit : « Oui, il faudra juste acheter un lit. »

Et notre fils Marius a dit : « Faudra apprendre sa langue avant qu'il arrive. »

Et son petit frère Noé a ajouté : « Faudra surtout lui apprendre à jouer aux cartes, parce qu'on adore jouer aux cartes, nous ! »

Quelques semaines plus tard, Reza est arrivé chez nous. Que voulait dire, pour lui, « arriver chez nous » ? Avait-il imaginé nos visages, comme j'ai essayé, pendant des semaines, d'imaginer le sien ? La nuit, je faisais sans cesse le même rêve absurde. J'ouvrais la porte et il entrait, avec son béret traditionnel en laine, son sourire irrésistible et ses yeux en amande, tristes et heureux : c'était le commandant Massoud.

Deux semaines avant son emménagement, Reza est venu prendre le thé à la maison.

Que faisions-nous, ce jour-là, pour tuer le temps ? Je ne sais plus vraiment. Nous tournions un peu en rond.

Nous étions excités et impatients. Inquiets, aussi. Mais de cette inquiétude confiante qui précède les grands voyages.

Les enfants avaient repéré l'Afghanistan sur la carte du monde épinglée au mur de leur chambre. Noé m'avait dit : « Je te préviens, maman, c'est super loin ! » Et Marius avait énuméré les pays limitrophes, en les touchant du bout de l'index : le Pakistan, le Tadjikistan, l'Iran, le Turkménistan et la Chine, qui ne partage que quelques dizaines de kilomètres de frontière avec l'Afghanistan.

Parce que nous ne savions rien de Reza, Fabrice et moi avions demandé aux enfants de ne pas lui poser de questions personnelles pendant ce premier rendez-vous. Peut-être avait-il perdu des membres de sa famille au cours de la guerre et de sa longue fuite jusqu'en Europe.

Qu'a ressenti Reza à la seconde où nous nous sommes rencontrés ? Retrouvés tous les cinq dans le salon pour la première fois ? Il avait l'air anxieux et terriblement épuisé. Son visage anguleux était luisant de sueur. Si je n'avais pas su qu'il avait vingt et un ans, je lui en aurais donné quarante.

J'avais acheté un cake au citron à la boulangerie, et nous attendions notre futur hôte, sagement assis sur le canapé du salon, devant le gâteau encore emballé. J'avais préparé deux chaises : une pour Reza et une pour la jeune femme du Samu social qui l'accompagnait.

J'ai presque tout oublié de cette première rencontre. Un seul mot me vient à l'esprit : qui-vive.

La chance !

Un homme sur le qui-vive. Et qui vous regarde avec une telle fixité, une telle profondeur, qu'il ne vous regarde plus vraiment : il guette ce qui pourrait surgir à droite, à gauche, de tous côtés. Reza semblait surveiller chacun de ses gestes. Il tenait ses mains l'une dans l'autre. Nous lui parlions en français, lentement. Il plissait les yeux et se concentrait sur les paroles qui sortaient de nos bouches, comme si chaque mot était un objet mystérieux qu'il fallait retourner à toute vitesse pour en deviner le sens.

Reza a pris une profonde inspiration et a dit qu'il venait d'Afghanistan. Qu'il avait traversé « beaucoup, beaucoup » de pays avant d'arriver ici. « Combien de pays ? » a demandé Marius. Reza lui a répondu qu'il était d'abord allé en Iran, puis en Turquie, en Grèce, en Albanie, et qu'il avait ensuite parcouru toute l'Europe jusqu'en Norvège.

« La chance ! T'as trop de chance ! » s'est exclamé Marius.

J'ai ressenti un pincement glacial dans la nuque. Quelle maladresse, ce mot « chance », pour évoquer une fuite clandestine sous l'ombre tenace de la peur. Au même instant, j'ai surpris une lueur de fierté dans les yeux de Reza. Il avait compris que pour ce garçon de neuf ans, son périple était synonyme de fabuleuse aventure. Il a regardé Marius et lui a dit, avec un sourire très tendre qui a soudain rajeuni son visage : « Oui, c'est chance ! »

LE TERRITOIRE DES OURS

1er février

On a décidé que Marius et Noé occuperaient la petite chambre du fond, avec leurs lits superposés, tandis que Reza s'installerait dans la chambre voisine, plus spacieuse, qui abrite les jouets des enfants, leurs caisses de livres et des meubles Ikea bourrés de déguisements, de classeurs Pokémon et de dizaines de peluches que Marius et Noé tiennent absolument à conserver, ne serait-ce que pour les aligner une fois par an et vérifier que je n'ai pas sournoisement jeté l'une d'elles.

Les garçons m'aident à vider la chambre. On y passe des heures et des heures et encore d'autres heures. On dirait que ça ne prendra jamais fin. Que quoi qu'on fasse, il restera un fusil Playmobil coincé entre deux lattes du parquet et un doudou mâchouillé au fond d'un tiroir. Je me demande si Marius et Noé ont l'impression de se faire avoir. Après tout, on les chasse de la pièce où ils passent le plus clair de leur temps. Celle où ils ont construit leur cabane en carton avec de vrais rideaux à fleurs et une cheminée en boîte à chaussures d'où s'échappent leurs brûlants fous rires. La pièce où ils se traînent à quatre pattes, couverts d'affreux manteaux de fourrure que ma mère portait dans les années quatre-vingt. L'un est en vison ; c'est celui de Noé, qui vocifère : « JE SUIS LE GRIZZLIIIIIII ! JE VAIS TE BOUFFEEEER ! » L'autre, celui de Marius, est en lapin blanc : « ET MOI JE SUIS L'OURS POLAAAAIRE ! JE VAIS TE BOUFFER EN PREMIEEEER ! »

On a réussi à tout faire tenir dans la chambre du fond. Comme il n'y a plus un centimètre carré où poser le pied, je décrète que les garçons pourront, cette année, jouer et prendre leurs quartiers dans le salon. Pour s'assurer que notre contrat est sérieux, Marius et Noé déploient une toile cirée au pied du canapé, y déposent le gigantesque carton que nous avons ramassé ce matin dans la rue, vident un tube entier de peinture bleue sur une palette, et se lancent dans la réalisation d'une fresque monumentale. Il n'y a aucune chance que le canapé et le parquet sortent indemnes de cette pulsion créatrice.

« On va faire un Matisse ! » annonce Noé.

« Mais en moins bien », m'avertit Marius.

LE LIT

8 février

Tout est prêt pour l'arrivée de Reza. Il ne manque qu'un lit. J'en cherche un d'occasion sur leboncoin.fr.

Quelques heures plus tard, je sonne à la porte d'une femme au regard triste, qui m'accueille avec ces paroles : « Pardon pour le désordre ! Je vis avec mon fils. » L'appartement est presque vide. Il y a des cartons de déménagement sur un sol en linoléum qui se décolle par endroits. Côte à côte, les mains sur les hanches, la femme et moi regardons le lit et entamons un débat sur la meilleure façon de le démonter. Pendant que Fabrice, la tête sous le matelas, tente de répondre à cette question d'une façon résolument plus concrète que nous.

Je regarde discrètement la femme, qui se mord la lèvre inférieure. On dirait qu'elle se retient de pleurer. Je lui demande à voix basse : « Est-ce que ça va ? » Elle répond : « Pas tellement ! » les yeux rieurs et brillants de larmes. On se sourit. On se regarde. Elle chuchote : « Vous savez, mon fils part aujourd'hui. C'est son lit. »

Je me souviens du berceau portable, rouge et souple, dans lequel Marius et Noé ont dormi les premières semaines de leur vie. Puis le lit à barreaux de Marius, en pin brut. Plus tard, Noé a pris la place de Marius derrière les barreaux, sous le manège de marionnettes dont je remontais la molette chaque soir, et qui jouait une comptine ancienne, mélancolique et très belle. Puis Marius est allé dans un autre lit, dit « évolutif », c'est-à-dire qui grandit en même temps que l'enfant et semble ne jamais vouloir s'arrêter de grandir.

— Pardon, je suis indiscrète… Il est pour qui, le lit ? me demande la femme.

— Pour un jeune Afghan qui vient chez nous pendant un an.

— Un étudiant ?

— Non. Un jeune réfugié. Sa demande d'asile a été acceptée.

— Ah, c'est bien ! Je suis contente que le lit soit pour lui.

Quand j'ai donné à mon ami Elie le lit à barreaux des enfants et le berceau rouge des premiers moments de leur vie, j'ai eu l'impression de me défaire d'objets sacrés. De totems où pouvaient encore s'accrocher nos souvenirs. Mais je me souviens aussi de ma joie quand j'ai vu la fille d'Elie, endormie dans le berceau rouge. Et quelques années plus tard, son petit frère, dans le même nid adoré, où la vie reprend sa source, bébé après bébé.

LA CHASSE AUX FEMMES NUES

16 février

Reza arrive dans quelques heures et je croise des femmes nues dans tout l'appartement. L'une dort en chien de fusil sur une étagère (c'est un Polaroid). Une autre se laisse rêveusement tomber sur un lit (c'est une gravure). Et tant d'autres femmes nues, à l'encre de Chine, au pastel, au fusain, accroupies sur les meubles, en sculptures, en cartes postales… une baigneuse de Degas, une jouisseuse de Kees van Dongen, *L'Origine du monde* de Courbet, et dans le couloir de la cuisine, des femmes couvertes d'insectes vert irisé.

Depuis mon enfance, le récit de la Genèse plane dans mon esprit. Seulement c'est une Genèse inversée : Adam sort d'une côte d'Ève. Il a la même forme qu'elle, mais sans la géographie tumultueuse, sans les reliefs. Adam est une Ève lisse. Pour s'accrocher à elle, comme une cerise au cerisier, Adam est doté d'une jolie queue qui tombe de sommeil, et parfois se réveille et n'en croit pas son œil : la beauté d'Ève le fait pleurer.

De Reza, je ne sais presque rien. Je sais seulement qu'il a vingt et un ans. Il est sûrement musulman, comme

99 % de la population afghane. Et probablement sunnite, comme quatre Afghans sur cinq. Même si je manque d'informations, je peux imaginer que Reza se sentira mal à l'aise, et peut-être blessé, devant ce ballet de femmes nues escaladant les murs de l'appartement. Alors quel que soit l'amour que je porte aux corps des femmes et à leur sexe d'orchidées souveraines, je me dépêche de retirer toutes ces photos, peintures, gravures, aquarelles et cartes postales.

Le salon paraît tout vide, après cette chasse aux femmes.

Je n'ai laissé que deux ou trois filles tranquilles. Parce qu'elles ne laissaient rien voir de précis, si ce n'est leur forme première, si hautement humaine.

Est-ce grave et injuste d'avoir renvoyé ces femmes ? Est-ce un mauvais présage pour notre vie commune avec Reza ?

Je ne crois pas.

Si Reza vient vivre à la maison, alors il faut que la maison, elle aussi, soit prête à vivre avec Reza. Prête à changer légèrement de voix, de forme et de peau.

DOUCHES DIVINES

17 février

Reza est arrivé !

J'étais seule pour l'accueillir. Fabrice est à la montagne et les enfants sont chez leurs grands-parents dans le Sud-Ouest.

Je propose à Reza de lui présenter le quartier : la place de la Contrescarpe, la rue Mouffetard, les boulangeries, l'école de Noé, celle de Marius, le supermarché Carrefour, les stations de métro les plus proches et la Seine, qui coule en bas de la rue.

Reza marche à côté de moi, d'un pas pressé, anxieux, le regard fixé au loin, le visage fermé. En longeant le Jardin des Plantes, rue Linné, je montre du doigt le minaret : « C'est la mosquée la plus proche de la maison. Tu vois, à peine cinq minutes à pied. »

Reza me demande « Ce mosque, bon ? Liberté ? » Je ne suis pas sûre d'avoir compris la question. Je lui réponds que, oui, c'est une *bonne* mosquée. Une mosquée qui a la réputation d'être ouverte. Reza me regarde avec attention. Je lui dis que ce n'est pas une mosquée salafiste, pas une mosquée sunnite, et au même instant, je réalise que je suis peut-être en train de faire une énorme gaffe. Reza répète : « Pas sunnite ? » Pour ne pas aggraver mon cas, je me résous à lui demander s'il a une religion et s'il est pratiquant. Il me dévisage. Semble hésiter à répondre. Il cherche quelque chose dans mes yeux.

— Norvège, je douche.

— Pardon ? Tu as pris une douche en Norvège ?

— Christiane.

— Une douche christiane ?

— Bible.

— Une douche chrétienne ! Tu t'es fait baptiser en Norvège ! Un baptême, c'est ça ?

— Oui, baptême ! Je protestant. Mon mère tadjik christiane. Mon père afghane chiite.

Reza et moi sommes face à face, entre les grandes serres du Jardin des Plantes. En traversant les verrières, le soleil déroule à nos pieds des flammes de lumière rose et bleu. Je me demande s'il existe un autre Afghan au monde dont la mère soit protestante. Ce qui est certain, c'est qu'il est le seul Afghan à avoir un père musulman, une mère chrétienne, à s'être fait baptiser en Norvège et à se retrouver accueilli chez une Française qui se rend chaque dimanche au temple protestant.

Je lui dis : « Moi aussi ! Tu te rends compte ? C'est fou ! On est protestants tous les deux ! » Reza me sourit et me regarde avec confiance, comme si on venait de se découvrir une arrière-grand-tante commune. Il me dit : « C'est chance ! »

De retour à la maison, je cherche des informations sur la répartition des religions au Tadjikistan. En parlant de chance – de mince chance –, j'apprends qu'à peine 1 % de la population tadjike est chrétienne.

18 février

Reza prend une douche, derrière le mur où j'appuie ma tête en lisant *Le Bruit du temps* d'Ossip Mandelstam, le grand poète russe mort sur la route du goulag. J'entends l'eau couler et Reza prendre la bouteille de shampoing dans le panier en plastique audessus de la baignoire. Il y a moi, le mur étroit, et mon hôte. Et l'eau qui coule, qui réchauffe, qui nettoie, qui peut-être emporte dans son flot les pensées douloureuses de Reza. Nous sommes si près l'un de l'autre.

Étrangeté de l'étranger nu chez soi.

Combien de preuves ?
Combien de gages ?
Combien de temps ?
Avant d'accorder sa confiance à l'Étranger.

Un regard et tout est sûr et certain.
Un regard, c'est tout.

21 heures

En tendant à Reza une couverture polaire pour son lit, je lui demande où il a dormi, ces deux dernières années.

Il prononce des noms de centres d'hébergement. Il me parle d'une péniche, puis de Garonor (une zone industrielle au nord de Paris), et du pont sous lequel il a vécu, avec des centaines d'autres exilés, à la station de métro Porte de la Chapelle. Il me dit que beaucoup de gens l'ont aidé sous le pont. Il essaie de m'expliquer ce que ces personnes ont fait pour lui, mais les mots ne sortent pas, et je le vois s'efforcer, buter sur la langue, répéter *beaucoup beaucoup beaucoup* avec une mélodie de formule magique, pour chanter la gratitude qui ne trouve pas ses mots.

LA MONTAGNE SOUS LE MÉTRO

19 février

Reza a acheté un poulet rôti pour ses amis qui sont encore sous le pont du métro. Il me lance « À plus tard ! » et quitte l'appartement, le sourire aux lèvres, son poulet sous le bras.

*

Marius et Noé sont rentrés de vacances avec papi Francis et mamie Françoise, leurs grands-parents paternels. Nous discutons tous les sept, assis en cercle dans le salon. Mon beau-père Francis, avec sa prononciation typique du Sud-Ouest, ondulante, nasale et rapide, pose d'innombrables questions à Reza, qui répond toujours à côté de la plaque, avec beaucoup d'application et d'enthousiasme. Quand Francis lui demande s'il s'est promené dans le quartier, Reza répond qu'il fait le ménage vingt-huit heures par semaine dans un foyer de réinsertion et qu'il a un contrat de travail de un an. Quand ma belle-mère Françoise lui demande s'il commence à trouver ses marques dans l'appartement, Reza répond qu'il s'agit d'une entreprise de *bio nettoyage*, qui n'utilise que des produits bons pour l'environnement. Et quand Francis veut savoir s'il a visité le Jardin des Plantes et s'il a vu les animaux de la ménagerie, Reza répond qu'il a travaillé en Norvège comme mécanicien sur des bateaux à moteur. À la fin de la soirée, je me retrouve seule dans la cuisine avec Reza.

— Très gentils grand-père et grand-mère !

— Oui, tu as vu, ils sont super gentils !

— Mais pas parlent français.

— Ah si, ils parlent français !

— Non. C'est dialecte.

— Non, Reza, c'est pas un dialecte ! C'est une façon de prononcer. C'est un accent. Chaque région française a un accent. Par exemple à Paris, on a un accent pointu.

Avec mes mains, je forme un chapeau pointu, qui ne ressemble à rien et n'explique rien. On éclate de rire, conscients de ne pas réussir à se comprendre.

20 février

Ce matin, le réveil de Reza a sonné à 5 h 50. Il part travailler tôt. Sa chambre est entre la nôtre et celle des enfants, comme si nous l'enveloppions, la nuit, de nos quatre sommeils. Notre lit est collé au mur, et celui de Reza se trouve juste derrière. De telle sorte que nos corps ne sont distants que de quelques dizaines de centimètres. Nos corps humains. Nos squelettes semblables. Nos deux cent six os identiques. Nous respirons. Notre sang circule. Nos cheveux poussent en même temps de part et d'autre du mur. Mais le corps de Reza, allongé si près de moi, sait ce que mon corps ne sait pas. Il sait ce que fuir veut dire. Avoir le corps pour seul abri. Avoir comme monde entier son propre corps.

Le mur qui nous sépare est une fine cloison ajoutée par d'anciens locataires et à travers laquelle tout s'entend, même un bâillement, même les pages d'un livre qu'on tourne. Et *j'entends* ce matin les efforts que fait Reza pour être silencieux. La façon de doucement refermer les portes du placard. De lentement tirer le tiroir sous son lit. De marcher sur la pointe de plume des pieds, pour ne pas faire craquer les lattes du parquet. Je voudrais frapper à sa porte et lui dire : S'il te plaît, fais du bruit. Fais le bruit que fait toute personne qui vit quelque part. Prends la part de bruit qui te revient.

Reza a ouvert la porte de sa chambre à 6 h 05. Dans le couloir, il a marché très lentement, comme quand on a enfin déposé le bébé endormi dans son lit à barreaux et qu'on sort de la chambre, à reculons, sans le quitter des yeux, en vérifiant du bout du pied que le sol ne nous trahira pas, qu'il ne grincera pas quand on y mettra tout son poids. Reza fait couler l'eau dans le lavabo de la salle de bains, juste un filet, quelques secondes à peine. Je vois sous la porte de notre chambre qu'il n'a pas allumé la lumière du couloir. Aucune lumière. Il est dans le noir. Puis on entend la porte d'entrée : jamais je n'aurais cru qu'on pouvait claquer si silencieusement une porte.

*

Quand Reza rentre du travail, on s'assied à la table du salon, devant une tasse de thé. Je lui dis que j'ai entendu à la radio que la mairie de Paris avait déposé des rochers sous le pont du métro, à la station Porte de la Chapelle. Des rochers très rapprochés, pour que les gens ne puissent pas s'allonger. Reza ne comprend pas. « Rocher ? » me demande-t-il.

— Les rochers, ce sont des pierres, des gros cailloux. Tu connais ces mots : *pierres, cailloux* ?

— Non.

— Des rochers, c'est lourd, très lourd. Gros comme ça ! C'est des morceaux de montagne. Montagne, tu connais ?

— Oui, je sais montagne. Dans mon pays, beaucoup montagnes. Pourquoi montagne métro Porte Chapelle ?

— C'est juste des morceaux de montagne. Beaucoup de morceaux de montagne posés sous le pont du métro. Pour empêcher les gens de s'installer et de dormir. Là où toi tu dormais. Tu comprends ?

— Non. Pas je comprends.

Reza ne comprend pas parce que c'est impossible à comprendre.

1789

21 février

Depuis qu'il est arrivé, Reza laisse tout le temps ouverte la porte de sa chambre, qui donne sur le salon. Peut-être qu'il n'ose pas la fermer. Ou qu'il trouve malpoli de fermer une porte quand on vit avec d'autres personnes. Que veut dire, pour lui, une porte ouverte, une porte fermée ? Et nos portes, que disent-elles ?

Reza sort de sa chambre avec une pochette pleine de documents. Il me tend son titre de séjour, valable dix ans. Puis son *titre de voyage pour réfugié*, du même brun que le passeport français. Il me tend sa carte Vitale. Il me tend une carte bleue de la Banque postale. Il me tend son diplôme de Français Langue Étrangère niveau 1. J'ai la gorge serrée. Je tiens entre mes doigts tout le possible et l'impossible. Tout l'imaginable et l'espoir de Reza. Il s'assied à côté de moi et me tend un dernier document. *Farsi*, me dit-il. Sur la feuille A4, tout est, semble-t-il, imprimé en farsi, langue semblable à la langue natale de Reza, le dari, qui est une variété de persan parlée en Afghanistan. Il me dit que cette feuille lui a été donnée par des bénévoles qui servent des petits déjeuners aux migrants. Reza a une façon douce, très particulière, de prononcer le mot *migrant*. Quand il dit « migrant », on entend « miracle ». Dans sa bouche, *migrant* n'est plus ce mot-poubelle anonyme, employé à tout bout de champ, ce mot à œillères qui refuse de dire la guerre, la survie et l'exil. Dans la bouche de Reza, *migrant*, c'est lui. Ce sont ceux qui partagent dans leurs corps le secret de la fuite et la force de se sauver. *Migrant* est la plus haute branche de sa vie. Le document ressemble à une suite d'articles de loi numérotés, qui me rappelle quelque chose de familier. Reza pose le doigt sur les trois mots qui se détachent en haut de la page et me les lit en farsi. Puis il me les traduit en français : Liberté, Égalité, Fraternité.

— C'est Déclaration, me dit Reza.

— La Déclaration des droits de l'homme et du citoyen, dis-je, la voix pleine de larmes qui sont apparues sans crier gare.

*

Quand les enfants sont rentrés de l'école, nous avons joué aux cartes dans le salon, tous les quatre, sur la table en Formica rose des années cinquante. Marius a expliqué les règles du whist à Reza, en articulant chaque mot, lui qui parle d'habitude si vite et laboure les syllabes. Nous avons joué longtemps. J'ai béni les cartes et leur langue innée. Elles ont l'art tendre et pudique de rassembler des gens qui font semblant de s'intéresser au jeu, alors qu'ils ne sont là que pour la joie d'être ensemble.

LA LÉGENDE DU TAPIR BICOLORE

21 février – 23 h 30

Fabrice, Reza et moi dînons dans le salon. Je demande à Reza en quelle année il a quitté l'Afghanistan. Comme si je voulais simplement connaître une date. Comme si ma question n'était pas une tout autre question, et cinquante autres questions, qu'il m'est impossible de poser. Reza me répond. Chaque mot, il le cherche, il l'arrache de lui avec une grimace d'effort. Le flot de ses phrases nous déroute. La plupart des mots qu'il utilise ne sont pas français, et malgré tout, nous le comprenons. Reza avait onze ans quand il a quitté l'Afghanistan. Il vivait dans une région de montagnes. Son père travaillait dans l'import-export et voyageait souvent au Tadjikistan, au Pakistan et en Iran. Il a été assassiné alors qu'il conduisait son camion. Reza mime la scène, l'arme en appui sur l'épaule, puis il mime le tir. Fabrice et moi disons en même temps, un peu bêtement : « Lance-roquettes ». La police locale était impliquée dans l'assassinat. Reza, sa mère et ses frères et sœurs ont dû fuir et se cacher. On les a retrouvés dans un village isolé. La mère de Reza a été assommée avec la crosse d'une kalachnikov. Elle s'en est sortie et a décidé de quitter le pays avec ses enfants.

Je ne sais pas quoi dire. Fabrice non plus. Reza se lève et débarrasse son assiette.

Plus tard, il me demande où nous sommes nés. Je lui réponds que Marius et Noé sont nés à Paris. Moi à Lyon. Et Fabrice près de Bordeaux, dans le Sud-Ouest de la France.

— Dans maison papa et maman ?

— Non, nous sommes tous nés à l'hôpital.

— Problème ?

— Non, aucun problème. Mais en France, même quand il n'y a pas de problème, nous naissons à l'hôpital.

Reza fronce les sourcils, incrédule.

Il me dit qu'il est né dans un village de vallée, entouré de montagnes. Dans la maison de ses parents. Le jour où il est né, son père a inscrit son prénom dans le Coran.

22 février

Reza s'assied à côté de moi. Je suis devant mon ordinateur, toujours posé à la même place, sur la table en Formica rose du salon.

— Ton travail, quoi ?

— Mon travail, c'est d'écrire. J'écris des livres.

— Livres… *ça* ? me dit-il en montrant la bibliothèque devant nous.

— Oui. *Ça !* Des livres.

— Là écris quoi ?

— Aujourd'hui, j'ai écrit de la poésie. *Poésie*, tu connais ce mot ?

— Non.

J'essaie de lui expliquer et je m'y prends mal. On dirait que je décris une maladie mentale. Il me regarde d'un air étrange, comme si je venais de lui annoncer que j'étais sorcière ou prêtresse. Me vient l'idée de tricher et d'appeler *Google* à l'aide. J'écris *poésie* dans la fenêtre de recherche et montre à Reza le mot qui s'inscrit en farsi sur l'écran. Son visage s'illumine et il prononce « *shèèl'r* ». Un mot soyeux, céleste, qui dit la poésie bien plus fidèlement que *poésie*. Reza me donne son absolution : « Tu poésies. C'est *très* bien. »

*

Nous nous rendons au bureau des « Amis du muséum » pour acheter une carte à Reza. Elle lui permettra d'entrer gratuitement pendant un an dans tous les espaces du Jardin des Plantes : la ménagerie, la galerie de minéralogie, les grandes serres, et bien sûr la galerie de paléontologie, que Marius et Noé adorent, avec ses monumentaux squelettes de dinosaures. Au moment de payer, Reza cherche son portefeuille dans la poche de son blouson. J'interromps son geste.

— C'est un cadeau, Reza. Comment est-ce qu'on dit « cadeau », en dari ?

— Cadeau. Pareil.

Aucune hésitation de la part de Reza. Je sens que le mot cadeau est un monde commun. Nous connaissons sa simplicité immense. Nous savons que *cadeau* est une façon de dire : « Je m'adresse à toi et à toi seul. Accepte cette amulette de mon amitié. »

À la ménagerie, Reza reste planté, hébété, devant les flamants roses qui tiennent en équilibre sur le fil étroit d'une seule patte. Il a une façon adorablement candide de s'exclamer « Ooooooh ! » devant les animaux. Il pointe du doigt la crinière d'épines d'un iguane et me regarde avec insistance, comme s'il voulait que je lui révèle le secret de cette bête extravagante. Noé raconte à Reza qu'il y a un tapir malais, dans le grand enclos à ciel ouvert. Un tapir bicolore, très blanc d'un côté et très noir de l'autre. Enfin *il paraît* : on ne l'a jamais vu. On ne le connaît qu'en photo parce que ce tapir ne supporte ni le froid ni le chaud, et préfère rester à l'abri, dans sa cabane. « Peut-être qu'il n'y a *même pas* de tapir », déclare Marius. Quand soudain, on le voit, énorme, avec une splendide démarcation tracée à la règle entre la moitié noir corbeau et la moitié blanc neige. Les enfants crient de joie : « Il est là ! Reza ! Il est là ! » De la bouche de Reza sort un long « Ooooooh ! » ébloui.

SOUS LE SABOT D'UN CHEVAL

22 février – 23 heures

Dans la rue, le corps de Reza ne se fond pas dans le décor. Il n'a pas la même démarche que les autres passants. Il se détache, rapide et tendu. Il est fait d'agilité et d'inquiétude. On dirait qu'il attend un signal, une vibration infime du paysage, pour s'échapper en courant.

Dans la bibliothèque municipale de la rue Buffon, Reza arpente les rayons et touche le dos des livres. En le regardant de loin, je suis prise d'une brutale *joie-de-bibliothèque* : ce sentiment d'euphorie et d'immense espoir qu'on ressent au milieu des livres. Au milieu de la foule de leurs corps vivants. Les livres sont un peuple imbattable, hardi, hospitalier, amoureux, à la peau noir et blanc.

Reza cherche une méthode pour apprendre le français, avec des exercices corrigés et des CD à écouter. Je lui propose d'aller voir la bibliothécaire qui saura mieux le renseigner que moi. Il demande à la femme aux longs cheveux roux et nattés où se trouvent les livres dari-français pour débutants. Une méthode norvégien-français ferait aussi l'affaire. « Norvégien et dari ? »

répète la femme, d'un air désolé. « Dari ou *farsi* », précise Reza, pour la rassurer. Il est très surpris quand la femme lui annonce qu'il n'y a pas de livres en norvégien ou en farsi dans cette bibliothèque. Elle lui propose une méthode anglais-français. Mais Reza ne parle pas un mot d'anglais. Arabe-français ? Non plus, pas un mot d'arabe. Espagnol ? Non. Allemand ? Non. Italien ? Non. La bibliothécaire est découragée. Elle tourne vers moi son visage médiéval au grand front bombé, aux yeux bleus, pâles et lumineux comme des glaciers, et d'un ton de dépit : « Enfin ça se trouve pas sous le sabot d'un cheval, le dari ! » Nous repartons avec quatre manuels de FLE (Français Langue Étrangère) niveau 2. La bibliothécaire ne nous aurait jamais laissé repartir les mains vides.

*

Reza et moi préparons un gratin pour le dîner. J'articule le nom des légumes, je martèle les syllabes : *fe-nou-yeu. Bro-co-li. O-ni-on.* Reza répète chaque mot. Sa prononciation est excellente. Nos couteaux découpent en chœur, *tchok tchok tchok.* Soudain, je comprends que je vais devoir cuisiner quelque chose de mangeable *tous les soirs.* Pas de plat de spaghettis à la va-vite. Pas de pizza à emporter. Accueillir, c'est cuisiner. C'est acheter des légumes, les couper, les faire longuement revenir dans l'huile d'olive. Accueillir, c'est ne pas se dépêcher. Ne jamais bâcler la cuisine. Mais je suis tellement en retard dans l'écriture de mon roman. Je dois absolument écrire. Nos couteaux font *tchok tchok tchok* et mon cœur s'emballe.

Panique. Je n'aurai jamais le temps ! Comment écrire un roman et cuire des légumes en même temps ! Écrire ou accueillir, il faut choisir.

*

Pendant le dîner, Reza nous raconte ses années passées en Norvège, de l'âge de quinze à dix-huit ans. Les informations s'empilent sans que je parvienne à imaginer sa vie là-bas :

il a pêché à la ligne
il a joué dans un club de volley-ball
il a réparé des moteurs de bateau
il est devenu capitaine de son équipe de volley-ball
il a conduit des Fenwick dans une usine d'emballages industriels
il s'est baigné dans la mer
il a fui la police
il s'est fait plein d'amis
il s'est fait baptiser
le ciel était immense
les gens étaient immenses
les gens parlaient parfaitement anglais
les gens étaient racistes

« Tu as dit *racistes* ? » demande Fabrice. « Oui, racistes, répond Reza, d'une voix neutre, comme si c'était une caractéristique banale. Pas aiment migrants », précise-t-il, puisque nous n'avons pas l'air de comprendre. Toujours cette façon fière et majestueuse d'articuler le mot « migrant ». De le rendre sublime.

— Pourquoi tu as quitté la Norvège ?

Son regard prend une teinte noire. Son visage est méconnaissable. Il me répond comme on crache. Il dit qu'on ne lui a pas donné de papiers. La police l'a recherché. Il a dû partir.

— Et tes amis, tu leur as dit au revoir ?

Non. Il n'a pas eu le temps de leur dire au revoir. Quelqu'un savait que la police allait venir l'arrêter et l'a prévenu. Reza est parti en pleine nuit. Il a fui. Encore une fois. Quand on fuit, il n'y a pas de fin à la fuite. La ligne d'arrivée est comme celle de l'horizon : imaginaire.

DANIEL

23 février

Je présente Reza à ma voisine Catherine. Elle est comédienne et habite au deuxième étage de l'immeuble. Les enfants adorent aller chez elle : il y a toujours de bonnes choses pour la fameuse, l'impérative, la vénérée *heure du goûter*. Jus de fruits, gâteau recouvert d'un glaçage au chocolat, biscuits alsaciens à la cannelle…

Quand Catherine demande à Reza en quoi consiste son travail, il répond d'un ton ravi : « J'ai contrat travail. » Comme si le détail des tâches à accomplir – balayer, essuyer, passer l'aspirateur, la serpillière, dépoussiérer, désinfecter – n'était pas très important. Ce qui compte, ce qui change tout, ce qui protège et rend visible, c'est d'avoir un contrat de travail. Reza m'a d'ailleurs demandé de le lire en entier et de lui expliquer chaque article.

Il travaille depuis qu'il a quinze ans. S'il a toujours trouvé des petits boulots, c'est la première fois qu'un employeur le déclare. Qu'il ne travaille pas *du noir*, comme il dit.

*

Reza me demande une Bible et se met à feuilleter l'Ancien Testament. Puis il me regarde et me dit qu'il ne s'appelle pas Reza. D'une voix basse et prudente, comme on dit un secret. Il me raconte qu'en Norvège, il a cherché son prénom pendant des mois, sans le trouver. Il l'a cherché partout dans la Bible infinie. Après des semaines et des semaines de lecture éperdue, il a choisi Daniel. Comme le prophète voué à la mort, jeté deux fois dans la fosse aux lions, et qui, par deux fois, en est sorti vivant. Reza me tend son certificat de baptême. Les lettres majuscules se détachent sur un ciel bleu : *D A N I E L*.

Il me dit que, sans Dieu, on ne peut pas savoir comment vivre sur terre.

— Vous d'accord ? me demande Reza.

Je lui réponds qu'ici, on pense comme lui ou bien on pense que Dieu n'existe pas. On pense ce que l'on veut.

Reza me dit :

— France, c'est liberté.

PUTAIN DE CAMION

24 février

Voilà une semaine que Reza – qu'on appelle désormais Daniel, à sa demande – vit à la maison. Marius et Noé se sont installés sur la table du salon, avec des paquets de feuilles multicolores. Reza leur apprend à plier le papier pour lui donner la forme d'une splendide tulipe. Les enfants sont émerveillés. Les tulipes s'amoncellent sur la table. Je les observe, tous trois penchés sur leurs mains agiles, pétrissant du pouce les pétales pour les assouplir et les recourber. Noé demande à Reza : « C'est bien comme ça ? » Reza prend la tulipe, la fait tourner entre ses doigts ; le jugement tombe : « C'est *très* bien. » Noé sourit de ravissement. Marius tient à rappeler que nous aussi, dans la famille, on s'y connaît en papier plié : « On sait faire des pingouins, des chevaux, des requins, et ma mère, elle sait même faire le tyrannosaure ! » Marius dit la vérité. Il y a cinq ans, j'ai connu une période d'addiction sévère au pliage de papier. Je ne pouvais plus m'en passer. J'étais devenue une junky de l'origami. Le matin, à peine sortie du lit, je *pliais*. Je fabriquais des oiseaux échassiers, des fleurs d'anis étoilé, des rhinocéros, et aux heures suprêmes de mon délire, j'ai donné forme à un tyrannosaure, dont tout le monde a trouvé qu'il était – sans vouloir me vexer – complètement foiré. Fin brutale de ma carrière de droguée aux mille plis.

Marius et Noé ont toujours aimé découper, coller, coudre, épingler, dérouler des kilomètres de Scotch, fabriquer des parachutes en sacs-poubelle, des maracas avec des bouteilles de lait et des pois chiches, des crocodiles du Nil en macaronis, des armées de soldats en bouchons de liège brandissant leurs mortels cure-dents, des colliers en dents de lait, des volcans en pâte à sel dégoulinant de lave en confiture de fraises, des statuettes de divinités égyptiennes en mie de pain, des mitraillettes en rouleaux de papier toilette et des jupes de centurion en papier bulle. Ils ont hérité de mon amour pour les choses qui se touchent, se caressent, se modèlent, se tressent. Et puis, ils n'ont pas eu le choix, les pauvres. Il a bien fallu qu'ils s'occupent, avec leurs parents archaïques et tarés qui n'ont jamais laissé entrer dans la maison ni télévision, ni tablette, ni la plus innocente console de jeux vidéo. Marius et Noé ont grandi sans écrans à l'époque reine des écrans. Mais une fois par semaine, le vendredi, nous *faisons cinéma.* Nous nous serrons à quatre sur le canapé trop étroit, posons l'ordinateur de Fabrice en équilibre sur un tabouret, et tout en dégustant un plat de pâtes au parmesan, nous regardons *La Grande Vadrouille*, *Les Aventures de Rabbi Jacob*, *La Grande Évasion*, *Les Quatre Cents Coups*, *Certains l'aiment chaud*, *Wallace et Gromit*, *Mon oncle*, *Fantastic Mr. Fox*, *Mon nom est Personne*, *Indiana Jones et la Dernière Croisade*, *Les Temps modernes*, *La Guerre des boutons* et *Le Corniaud.* Je ne connais rien de plus doux que ces moments-là. Nous chassons les écrans pour ne jamais chasser le cinéma, qui est la vie même.

23 heures

Pauline, ma grande amie de fac, est venue dîner à la maison. Avec elle, j'ai voyagé, sac au dos, sur les pentes divines du Machu Picchu, sur les eaux étincelantes du lac Titicaca, dans le désert d'Uyuni, le désert de l'Atacama, le désert de Lybie, le Sinaï, sur les hanches bouillantes de la mer Rouge, et le dos du Nil jusqu'au Grand Temple d'Abou Simbel.

Pauline demande à Reza par quels pays il est passé avant d'arriver en France.

Par l'Iran.

Par la Turquie.

Par la Grèce.

Par l'Albanie.

Par d'autres pays.

Par l'Europe entière.

Jusqu'en Norvège, sous un camion.

— *Dans* un camion, tu veux dire.

— Non, *sous* camion.

Reza prend un stylo et un papier. Il dessine le camion, les roues, la barre reliant les roues, et la silhouette d'un bonhomme accroché à la barre.

— Tu t'es caché sur l'essieu ? Putain, c'est super dangereux !

— Super dangereux, répète Reza.

— Mais tu es allé jusqu'en Norvège sous le camion ! Il y a plus de 3 000 kilomètres !

— Beaucoup loin, confirme Reza.

— Tu avais quel âge quand tu as fait ça ?

— Quinze.

— Putain ! Et tu étais avec qui ? Avec des gens de ta famille ?

— Non.

— Tout seul ?

— Seul.

— Mais t'as pas eu peur de tomber sur la route, quand t'étais sous le camion ? demande Marius.

— Beaucoup peur ! répond Reza.

Je lui demande s'il ne s'est pas fait mal pendant ce voyage, accroché à l'essieu. Il passe la main sur sa nuque, sous le col de son tee-shirt, et me répond qu'il s'est brûlé le dos sous le camion. Pauline s'écrie : « Putain ! » Reza demande : « *Putain* ? Quoi c'est "putain" ? Vous dire "putain" beaucoup. »

On lui explique que « putain », c'est comme *fuck !* en anglais.

— Fac ? Comme université ?

— Non, pas « fac ». *Fuck*. Mais c'est pas la peine de retenir ce mot, Daniel !

— Vous explique-moi *putain*.

— Alors par exemple, quand on est énervé, on dit : « Putain, j'ai raté mon train ! » Ou quand on est étonné : « Putain, il y a un rat sur le balcon ! » Ou quand quelque chose est vraiment génial : « C'était des putain de vacances ! » Ou quand on veut juste insister sur quelque chose : « Putain, il fait froid ! »

— *Putain*, c'est quoi ? C'est dire quoi ? demande à nouveau Reza.

— *Putain*, à l'origine, ça veut dire « prostituée ». Tu connais ce mot ?

Je prends mon ordinateur et tape *prostituée* dans Google translate. Le mot s'affiche en persan. Reza a un léger mouvement de sursaut et couvre sa bouche sous ses doigts. Il a dans le regard cette joie de tout petit garçon qui comprend à demi que les adultes parlent de sexualité. Parfois, une lumière d'enfance jaillit de son visage, si mûr et si grave. Où est la mère de cet homme qui est encore un enfant ? Où est ta mère, Reza ?

La question vole autour de nous et ne se pose jamais.

DONNER

J'étais sur le point d'aller me coucher quand Reza m'a tendu, dans le couloir, une liasse de billets de banque.

— Qu'est-ce que c'est ?

— Argent moi.

— C'est beaucoup d'argent !

— 1 000 euros. Vous peux garde ?

— Tu veux que je garde 1 000 euros !

— Oui. Vous garde argent moi.

— Mais c'est tes économies, Daniel ! Tu as un compte en banque… Il faut plutôt mettre ton argent à la banque.

— Non, dans chambre à vous. Vous garde.

— Mais pourquoi ?

Il m'explique que dès qu'il a de l'argent, il le perd. Si je ne prends pas son argent, il va encore tout perdre. Comme à chaque fois. Jusqu'au dernier euro.

Je ne comprends pas. Lui qui est tellement attentif et ordonné, comment peut-il perdre son argent ?

— Tu as peur que la banque ne te rende pas ton argent si tu le mets sur ton compte ? C'est ça ?

— Non. Vous pas compris.

— Dis-moi, Daniel. Dis-moi comment tu perds ton argent.

Alors Reza m'explique, puisque décidément je ne comprends rien. Dès qu'il touche son salaire, il achète des tentes pour les migrants qui dorment dehors. Il leur achète des poulets rôtis. Il leur achète des sandwichs. Il leur achète des couvertures et des sacs de couchage. Il leur achète des médicaments. Il leur achète des vêtements et des chaussures. Il leur achète des bouteilles d'eau et du papier toilette.

Les larmes aux yeux, je lui dis : « Mais Daniel, ça n'est pas *perdre*, ça. C'est donner. »

J'accepte de garder les 1 000 euros dans ma chambre. Dans une vieille boîte en fer verte à pois blancs. Reza me dit que quand il me demandera de l'argent, il ne faudra pas que je le lui donne. Parce qu'il aimerait conserver cet argent pour *après*. Pour payer son loyer, me dit-il. Son studio.

QU'AS-TU FAIT DE TON FRÈRE ?

25 février

Mes parents sont de passage à Paris. Mon père demande à Reza : « Alors, tout se passe bien ? Ma fille ne vous tape pas trop fort ? »

Reza ne comprend pas l'humour douteux de mon père, qui, tête penchée sur son écran de téléphone, semble chercher quelque chose sur Internet.

À ma mère, qui lui demande ce qu'il voudrait faire à la fin de son contrat de travail, Reza répond qu'il aimerait cuisiner et ouvrir un *turc* à Paris. Il nous dit : « Afghanistan, je donne 1 000 chez banque, et deux mois ensuite, banque donne 2 000 pour moi. »

« Ça, c'est du taux d'intérêt ! remarque Fabrice. Ici, tu vas être déçu… Tu donnes 1 000 euros à la banque et douze mois plus tard tu as… 1 010 euros. » Reza a l'air inquiet. Après bien des explications et des dessins, on comprend qu'il parlait tout simplement d'un prêt. On le rassure en lui expliquant qu'en France aussi on peut demander un prêt à la banque pour créer son commerce. Soudain mon père sort la tête de son téléphone : « Voilà ! Éditions Dicoland ! Dictionnaire persan-français français-persan, axé sur le persan d'Afghanistan ! 45 euros ! »

Au moment de partir, mon père me glisse un billet dans la main, pour offrir à Reza le précieux dictionnaire.

26 février

Reza passe l'aspirateur depuis quinze minutes dans sa chambre qui n'est pourtant pas très grande. Il débarque dans le salon, où j'écris, face à mon ordinateur. Reza s'attaque au parquet : un nid à miettes et à poussière. Je l'observe. Il passe un temps fou sur chaque latte. Il aspire le dessus des plinthes. Se faufile entre les reliefs du radiateur. N'arrête pas de changer l'embout, à l'extrémité du manche de l'aspirateur : tête de balai à poils durs, tête de balai à poils souples, brosse circulaire, long bec étroit. Jamais Fabrice et moi ne faisons le ménage de cette façon profonde et précise. Je suis prise d'une bouffée de mauvaise conscience. Je jette un coup d'œil aux fenêtres : poussiéreuses et constellées de traces de pluie beigeasses. J'abandonne l'écriture de mon roman et décide de laver les vitres. J'ouvre la fenêtre du salon, grimpe sur une chaise, et munie d'un chiffon, j'asperge les carreaux de ce liquide bleu idyllique qui ressemble à du curaçao. Quand je sens que Reza regarde dans ma direction, je sifflote Aznavour, « Je m'voyais déjà… en haut de l'affiche… », comme si tout était normal, comme si je faisais très souvent ces gestes experts, nerveux et circulaires. Comme si, moi aussi, j'avais de hautes exigences en matière d'hygiène domestique. La lumière fuse à travers les vitres qui n'ont jamais été aussi propres. Qui n'ont, à vrai dire, jamais été propres.

*

Reza veut m'accompagner au temple. Il a l'habitude du culte évangélique et de sa foule d'adolescents, les chants enthousiastes, les robes aux couleurs vives, la foi extravertie, les corps secoués par la danse, les prières entonnées en chœur et la voix incandescente du pasteur. Je ne sais pas comment lui expliquer qu'il sera le seul jeune homme dans ce temple-là. Que presque toutes les chevelures seront grises. Que la prédication sera longue et très calme. Que les rangs seront clairsemés. Les corps immobiles. Les tenues sombres et sobres. Les prières dites à l'intérieur, tout juste murmurées. Que seules quelques voix discrètes chanteront les psaumes. J'ai peur qu'il soit déçu.

Seulement ce matin, par miracle, le culte est remplacé par une rencontre avec Geneviève Jacques, la présidente de la Cimade, cette association qui depuis soixante-dix ans aide les migrants, les déplacés et les réfugiés du monde entier. De sa voix sûre, Geneviève Jacques demande à l'assemblée : « Qu'as-tu fait de ton frère ? » Cette question m'a toujours couru après. Où que je sois, elle me retrouve. Elle est mon tribunal silencieux. La devise de la Cimade résonne dans le temple : « Il n'y a pas d'étranger sur cette Terre. » La présidente parle d'hospitalité. De la beauté du mot « hôte » qui, en français, désigne aussi bien celui qui accueille que celui qui est accueilli. Comme si c'était un seul et même geste, une seule et même étreinte.

Nous sommes tous des hôtes. Nous sommes l'hôte de Reza qui est notre hôte. On dirait que toutes les paroles de cette femme sont tendues vers lui et n'existent que pour lui. J'essaie de ne pas pleurer. En vain. Je n'ai jamais su retenir mes larmes. Quand j'étais petite, je pensais qu'elle me passerait, cette manie d'être émue aux larmes pour un rien. Enfin pas pour *un rien.* Il n'y a pas de larmes pour rien. Le micro passe dans les rangs, je me lève et je présente Reza. Je dis la joie de le connaître. Je dis son odyssée. Son parcours de danger et de courage. L'assemblée l'applaudit à tout rompre. Je n'arrive pas à croire que de ces corps si discrets, vieux et fragiles, jaillisse cette pluie de percussions heureuses. J'aimerais que Reza sache que nous sommes plus nombreux, plus décidés et plus solides que nous n'en avons l'air, avec nos maigres bras ouverts. Peut-être même que nous saurons crier et griffer pour retrouver ce que nous avons abandonné en chemin : l'espoir tenace et la fraternité.

À la fin de la conférence, les petites vieilles assaillent Reza, parlent toutes en même temps, l'encouragent, le félicitent, lui demandent s'il se plaît dans sa *famille française.* Reza ne sait plus où donner de la tête. Il répond qu'il est tadjik par sa mère et afghan par son père. Qu'il a trois sœurs et deux frères. Elles ne comprennent pas ce qu'il dit et lui posent précipitamment d'autres questions.

Mais dans ce dialogue de sourds, quelque chose passe, qui se passe du sens des mots.

Qu'as-tu fait de ton frère ?

En sortant du temple, Reza m'annonce qu'il voudrait faire les courses et la cuisine. Nous longeons les stands du marché de la place Monge. Reza lit les prix affichés sur les ardoises, l'air stupéfait. Il se tourne vers moi, attendant un démenti : les pommes de terre ne peuvent pas coûter 2,50 euros le kilo, si ? Chez Carrefour, il cherche du coulis de tomate. Le moins cher des coulis de tomate, celui devant lequel il faut s'incliner, faire une révérence, parce qu'il se tient au ras du sol, sur l'étagère la plus basse.

LE PRINCE À LA PETITE TASSE

27 février

Reza connaît maintenant le parquet de l'appartement sur le bout des doigts. Ou plutôt sur le bout des orteils. Il sait exactement où poser la pointe adroite de ses pieds pour faire le moins de bruit possible. J'ai beau lui répéter qu'il peut se déplacer sans se soucier des grincements, faire couler l'eau à flots dans la salle de bains et écouter la radio pendant qu'il prépare son petit déjeuner, il est de plus en plus silencieux. Fabuleusement silencieux.

Ce matin, nous n'avons même pas entendu le couinement des gonds de sa porte, ni le frottement du cuir quand il a enfilé son blouson. Encore moins le claquement de la porte d'entrée.

Devant nos bols de thé et de chocolat fumants, nous nous demandons quel sixième sens a bien pu développer Reza pendant ses années de fuite, pour parvenir à se faire si discret, quand tout à coup il sort de sa chambre, les paupières gonflées de sommeil.

— Je très très retard !

Il attrape son blouson, court en faisant craquer les lattes du parquet, et claque la porte d'entrée à toute volée.

28 février

Chaque jour, quand Reza rentre du travail, il me propose de boire un thé. « Vous prends thé ? » Un thé très infusé de la marque *Do Ghazâl*, ce qui signifie « deux gazelles » en persan. Reza prononce « dohazal » d'une voix feutrée, inarticulée, et je devine que ce nom lui est familier et remonte loin la rivière de sa vie. Reza verse toujours le thé dans de fines tasses décorées à la main, qui viennent de la famille de Fabrice et constituent notre seule vaisselle précieuse. Ces quatre tasses, qui ont été rapportées d'Indochine française dans les années cinquante, semblent bizarrement raffinées au milieu des mugs Monoprix et des bols Duralex (qui ont le mérite d'être tombés vingt fois par terre sans se casser). Quant à nos assiettes vert et rose, ce sont celles qu'on recevait, il y a vingt-cinq ans, en échange d'un plein d'essence dans les stations-service, sur la route des grandes vacances. Avant l'arrivée de Reza, nous n'avions jamais utilisé ces petites tasses fragiles, cachées tout en haut d'un placard. Encore moins les ravissantes soucoupes assorties, sur lesquelles Reza dispose chaque jour trois sablés pour moi et trois sablés pour lui.

Je me souviens du conte d'Andersen, *La Princesse au petit pois*. Une jeune fille en haillons, ruisselant de pluie, vient frapper à la porte d'un château à la nuit tombée. Pour savoir si la fille échevelée et dépenaillée est bien la princesse qu'elle prétend être, on la fait dormir sur une pile de vingt matelas douillets, sous laquelle on a pris soin de glisser un petit pois. À son réveil, on demande à la mystérieuse hôte si sa nuit a été agréable. « Épouvantable ! » répond celle qui souffre d'un terrible mal de dos et se demande pourquoi son lit était aussi inconfortable. Plus personne ne doute de sa qualité de princesse.

Reza est le Prince à la Petite Tasse. Celui qui a pris ses repas dans la boue des camps de réfugiés, et qui, arrivé chez ses hôtes, ne peut boire son thé que dans une tasse de fine porcelaine, redevenant le prince qu'il n'a jamais cessé d'être.

1er mars

Reza veut connaître le montant de notre loyer. J'hésite à lui mentir. Comment comprendre qu'un appartement de 73 mètres carrés coûte l'équivalent de deux Smic ?

— Tu sais, Daniel, les loyers sont très chers à Paris. On paye 2 300 euros.

— Pour année ? demande Reza.

— Non, 2 300 euros par mois.

— Non ! Vrai ?

— Oui, vrai.

— Comment payent gens ?

— Justement, les gens ne peuvent pas payer. Bientôt il n'y aura plus que les gens très riches qui pourront vivre à Paris. Des gens très pauvres sous les ponts et des gens très riches sous les toits.

2 mars

Quatre fois par semaine, Reza se rend dans les locaux d'une association où des bénévoles enseignent le français à des migrants. Tandis que nous buvons du thé Do Ghazâl dans nos précieuses tasses indochinoises, Reza me montre le cahier où il a noté, de son écriture parfaitement régulière, sa dernière leçon de grammaire. Elle est consacrée au pronom complément d'objet direct et indirect, et le moins qu'on puisse dire, c'est qu'elle est incompréhensible. Reza me demande : « Pourquoi en français vous dire : *Je la leur ai donnée* ? Et pourquoi vous dire pas : *J'ai donné leur la ?* »

La langue française, cette magnifique terre magnifiquement inaccueillante…

3 mars

Tasses indochinoises. Thé Do Ghazâl. Sablés au beurre. Reza me demande ce que j'ai écrit aujourd'hui. C'est drôle, personne ne me pose jamais cette question. Quand ils rentrent du travail et de l'école, Fabrice et les enfants me disent : « Tu as bien écrit ? » Mais ce que j'écris reste caché. J'écris, c'est tout. J'écris et personne ne regarde par-dessus mon épaule. Je lui dis qu'aujourd'hui j'ai écrit une poésie sur les différentes langues qui un jour ne formeront plus qu'une seule langue. Une langue qui se souviendra de tout. Qui aura la mémoire grande ouverte.

— Vous lis moi, me dit Reza.

Et bizarrement, docilement, je fais ce qu'il me demande, je lui lis la poésie.

Nous écrirons sans la dispute des langues
D'une parole d'air et d'eau
Horizon-lyre des nuances

Une nuque dira sa grâce
Un rat ses souvenirs de peste
L'enfant son poème d'Éluard

Les couteaux de Borges revivront leurs duels
L'amandier versera la dîme blanche à la beauté

Viendra le règne des métamorphoses
Tu seras le livre sur le banc de pierre
L'or élucidé du lichen

SOUVERAINETÉ DU POULPE

3 mars – Minuit

Cette semaine, notre séance de cinéma du vendredi, serrés à quatre sur le canapé, c'est *L'Argent de poche* de François Truffaut. L'un de mes films préférés. Je l'ai adoré quand j'étais enfant. Je l'ai adoré à vingt ans. Je l'adore à trente-six ans. Et je sais que dans trente-six ans mon amour sera intact. Quand Reza entre dans l'appartement, le film touche à sa fin. Il me demande de lui raconter l'histoire et je lui décris la petite ville de province dans les années soixante-dix, les gamins qui s'ennuient à l'école, et surtout Patrick, mon personnage préféré, qui vit seul avec son père handicapé et qui est fasciné par la mère de son meilleur copain de classe. Patrick observe chaque geste de cette mère douce et idéale. Avoir une mère, c'est son rêve. Pendant que je prononce ces derniers mots, je me sens rougir et vaciller. Je n'ose même pas regarder Reza.

Entre Reza et moi, il y a une présence éclatante et vide. Il y a le manque tentaculaire d'une mère.

Où est la mère de Reza ? Sa seule mère ?

Je suis une mère. Et comme toute mère, je suis impitoyablement la seule mère. Celle qui renvoie l'orphelin à son malheur.

4 mars

Reza tient dans sa paume ma statuette de Déméter, la déesse des Moissons. Elle vient d'Égypte et date de l'époque romaine. Elle a un nez bouleversant, que des mains aussi vivantes que les miennes ont modelé dans la terre, il y a deux mille ans. Cette Déméter porte une haute tiare et c'est pour cette tiare insolite que je l'ai achetée. Reza me dit qu'elle ressemble aux statuettes avec lesquelles il jouait en Afghanistan, chez ses parents. Son regard vif est soudain ailleurs, dans un passé qui vibre de détails et de bruits. Dans sa maison – il a un sourire rêveur –, il y avait aussi des chèvres, des ânes et des chiens.

— Tu as des photos de cette époque ?

Non. Il n'a pas une seule photo. Tout a été détruit. Reza trace un plan, au dos d'une enveloppe : les montagnes en arc de cercle, sa maison dans la vallée, les camions qui bouchent l'entrée de la vallée, les Talibans. « Beaucoup très dangereux », me dit-il.

23 heures

Reza, il y a une île qui s'appelle la Corse…

Je lui parle des criques aux yeux bleus. Des poulpes qui savent tout. Des fruits enflammés des arbousiers. Des poignards secrets des genêts. Des longs tentacules des montagnes qui plongent dans l'émeraude liquide. Je lui dis que la Corse est si belle qu'on ne peut pas la regarder longtemps sans fermer les yeux. Que le parfum du maquis vous serre contre son cœur. Qu'il faudra qu'il y aille, un jour, lui qui aime tant les fleurs et les montagnes.

5 mars

Nous fêtons les vingt-deux ans de Reza avec nos voisins chéris : David, Céline et leur petite fille Suzanne. Nous sommes huit autour de la table en Formica rose qui a enfilé ses rallonges pour l'occasion. Reza est assis en bout de table, silencieux. Il se tient très droit. Marius et Noé lui offrent des dessins et des animaux en origami. David une grande carte du monde noir et or, à accrocher au mur de sa chambre. Et moi un livre d'estampes d'Hiroshige, qui s'ouvre comme un accordéon. Je dis à Reza qu'Hiroshige est un peintre que j'aime à la folie. Que chacune de ses peintures est un petit monde entier, un monde parfait, où l'on peut habiter, aussi longtemps qu'on veut. On se promène, selon la couleur de son âme, sur les chemins de campagne, ou sur le pont bossu enjambant une rivière, ou sur le flanc d'une montagne fouettée par la neige. Reza souffle ses bougies. Son visage paraît aussi heureux que malheureux. Un anniversaire renvoie toujours à celle qui vous a fait naître.

6 mars

Reza est rentré de son cours du soir. Côte à côte, nous relisons la liste de mots qu'il a notée dans son cahier, de sa belle écriture précise :

cancer
calculs rénaux
hémorragie
hypertension artérielle
nausée
gastro-entérite

En face de chaque mot, il a écrit la traduction en dari, d'une écriture qui n'a rien à voir avec celle que je lui connais. Elle est plus déformée, légère, mûre, elliptique. C'est celle-là, l'écriture de Reza. De même que sa voix n'est pas celle, tâtonnante, pesante, hachée, que j'entends quand il parle français.

Je ne suis pas sûre qu'apprendre les pronoms personnels compléments d'objet direct et l'orthographe du mot « hémorragie » soit très utile pour progresser en français. Du ton le plus encourageant qui soit, le plus confiant, je reprends Reza à longueur de journée. J'essaie de lui expliquer les expressions françaises courantes, le genre féminin et le genre masculin, notre système de temps et les conjugaisons. Je lui fais répéter les mots, les sons « on » et « en » qu'il a du mal à prononcer. Et parfois, souvent, je ne lui dis rien. Je le laisse tranquille. Comme ça doit être pénible de ne pas pouvoir se reposer sur la langue… Chercher en vain les mots. Ne pas réussir à se faire comprendre.

Quelle patience, de tout recommencer ! Quelle force, quelle espérance, de jeter son corps vers une nouvelle langue, si différente de la langue de l'enfance, si différente du norvégien que Reza a dû apprendre, puis abandonner. Plus jamais il ne parle cette langue germanique qu'il a conquise. Tous ces efforts… Ces découragements !

7 mars

Reza et moi faisons le ménage. Du coin de son chiffon, Reza me montre les carreaux de la douche et me demande s'ils ont déjà été faits (ce qui est un peu vexant, car je viens de les astiquer de mon mieux). Reza frotte bien plus énergiquement que moi. Il utilise une quantité incroyable de produits ménagers. Il nettoie l'extérieur du frigo (ça ne me serait jamais venu à l'esprit). Il lessive la porte des toilettes, qui, au rythme de ses vigoureux mouvements, abandonne son gris coutumier pour un blanc immaculé qui me fait honte.

Comment a-t-il fait pour vivre dans la saleté de la rue, dans les squats, les foyers, la boue des campements de réfugiés ?

Comment le Prince à la Petite Tasse
A-t-il pu supporter toute cette crasse ?

Pour le dîner, Fabrice a acheté du vin rouge et une dizaine de fromages différents. Celui-ci, explique-t-on à Reza, est fabriqué avec du lait de vache, celui-là avec du lait de chèvre, et celui-là avec du lait de brebis.

— Daniel, la brebis, c'est la femelle du cochon, précise Noé.

— La femelle du *mouton* ! corrige son frère.

— Oui, c'est ce que je voulais dire ! Du mouton ! Parce que tu sais, Daniel, le fromage de cochonne, on n'en mange pas en France !

Reza demande de quoi est fait le fromage.

— De lait, uniquement de lait.

Il montre du doigt une épaisse croûte duveteuse :

— Ça, pas du lait !

— Si ! Mais du vieux lait !

Reza rit de dégoût, ce qui réjouit les enfants, qui, pour faire les malins, mangent la croûte du fromage.

— Goûte Daniel ! C'est ce qu'il y a de meilleur !

— Vas-y, goûte ! C'est plein de pourriture ! C'est très bon pour la santé !

Reza nous dit qu'en Afghanistan le fromage ressemble à du yaourt et ne fermente que quelques jours. « Celui-là a deux ans », dit Fabrice. « Pas vrai ! » s'exclame Reza, qui part dans un long rire contagieux. Il goûte un morceau de chèvre frais sur un bout de baguette. On le regarde mâcher. « Très bon ! » déclare-t-il. Il goûte aussi le comté, le reblochon, le bleu des Causses, le picodon, la vieille tomme à l'effrayante croûte fleurie. Il goûte de tout, se sert et se ressert…

Nous énumérons les animaux étranges – huîtres, oursins, poulpes, escargots – qui se mangent, *chez nous*. Chez nous les Français, mais pas chez moi, qui ne mange pas d'animaux. Je les aime et, dans le doute, (ou plutôt dans la certitude de cet amour) je préfère les laisser en paix. Je dois quand même avouer que chaque année en Corse, j'assassine des oursins à coups de caillou sur la plage, avant de les dévorer au soleil : paradis.

— Vous mange oursins ? demande Reza.

— J'adore ça !

— Oursins… très gros !

— Un oursin ? Non… C'est plutôt petit…

Reza me mime alors un oursin agressif les bras levés, et je comprends qu'il pense à un ours. Je lui montre sur Internet une photo d'oursin. À nouveau son rire éclate dans la pièce et nos rires escortent le sien. À chaque fois que Reza rit, je ressens une singulière joie d'*ascension*. Comme si nous escaladions une montagne, vers les fleurs d'altitude, vers l'air bleu et léger, de plus en plus loin des rivières de boue au fond de la vallée.

Reza me demande quel est mon animal préféré. Marius répond à ma place : « Le poulpe ! »

— Nous, on adore les poulpes, renchérit Noé.

— Ils crachent toujours leur encre sur maman ! Une fois un poulpe lui a craché dans les yeux ! s'esclaffe Marius.

— Papa se cache sous l'eau, sans respirer, et il les attrape avec les mains quand ils sortent de leur trou.

— Enfin, ils sortent pas comme ça ! Faut d'abord embêter le poulpe dans son trou, avec un bâton. Alors là, le poulpe comprend qu'il est plus en sécurité dans sa cachette, et après un petit moment, il sort. Et *là*, papa l'attrape !

— Mais d'abord, faut trouver le poulpe. Et tu sais comment on trouve un poulpe, Daniel ? Grâce à son œil ! C'est l'œil qu'on voit en premier !

— Ils ont les yeux noirs en forme de rectangle.

— Et un bec ! Un jour maman s'est fait mordre.

— Même qu'elle a gardé la marque au poignet super longtemps. C'était noir et violet…

— Mais c'est arrivé juste une fois. Les poulpes, on les caresse. Ils sont super doux !

— L'été dernier on en a attrapé vingt-deux !

— Et une fois mon frère a nagé pendant une heure avec le poulpe accroché à son ventre ! Le poulpe voulait plus le lâcher ! Il était trop bien, sur le ventre de Marius…

— Ah oui ! Même qu'après j'ai eu des marques de ventouse partout !

— Mais tu sais, Daniel, les poulpes, on les mange jamais… On les relâche… Surtout qu'ils sont là depuis beaucoup plus longtemps que nous. Ils sont là depuis des centaines de millions d'années !

— Et ils sont hyperintelligents. Ils ont neuf cerveaux !

Marius a raison. Restons humbles avec notre unique cerveau.

SI LA GUERRE EST FINIE

9 mars

C'est le jour de repos de Reza. J'écris dans le salon. Il prépare du pain afghan dans la cuisine. Un grand pain plat et circulaire, à sillons concentriques, dont le délicieux parfum emplit tout l'appartement.

Nous mangeons le pain tiède avec des dattes. Reza me demande qui est l'homme devant nous, dans la bibliothèque.

C'est Oscar Wilde.

Il me dit qu'il l'a vu dans le métro. Sur une affiche. Il était bien habillé. Il y avait quelques lignes imprimées à côté de lui. Reza les a lues, mais ne les a pas comprises. Il me demande ce que je vais faire aujourd'hui.

— Je vais rencontrer des lycéens et nous allons écrire des poésies.

— *Shèèl'r*, dit Reza.

— *Shèèl'r*, je lui réponds.

Reza voudrait savoir ce qu'il faut faire, pour écrire de la poésie.

Je lui dis : « Il faut écouter. »

— Écoute quoi ?
— Tout.
Ça le fait rire.
Il réfléchit un moment et me dit : « Je crois c'est très beau, vous faire de poésie. »

19 heures

J'écris mon roman pendant que Marius et Noé font de la broderie sur canevas, côte à côte sur le canapé, comme deux petites vieilles d'antan. Reza fait le ménage dans la cuisine. Je me demande ce qu'il peut bien nettoyer ; je croyais avoir déjà lavé tous les recoins… Il allume la radio posée au bord de l'évier. Comme je suis la dernière à l'avoir écoutée, elle est réglée sur Chante France. On entend Joe Dassin et ses *Champs-Élysées.* Reza chantonne la mélodie. C'est bête, mais ça m'émeut que ce jeune homme afghan écoute une chanson française vieille de cinquante ans et qu'il la fredonne dans la cuisine.

J'écoute Chante France parce que j'ai tout le temps l'espoir qu'ils passent *Mon vieux* de Daniel Guichard, *Duel au Soleil* d'Étienne Daho, *Les Filles de l'aurore* de William Sheller, *Mourir sur scène* de Dalida et *Banlieue rouge* de Renaud. Souvent, j'attends en vain.

*

Noé et Reza jouent aux échecs, accroupis dans le salon.

— Daniel, tu vivais où quand t'avais mon âge ?
— Quand j'étais sept ans, je…
— Non, j'ai huit ans dans un mois !
— Pardonne ! Quand j'étais huit ans, je vis Afghanistan.
— Et quand j'aurai ton âge… Quand j'aurai vingt-deux ans, je vivrai où ?
— Peut-être Afghanistan.
— Peut-être ! Si la guerre est finie.

10 mars

Reza a enfin reçu le dictionnaire persan-français offert par mon père. Il passe une heure à déchiffrer une centaine de mots à voix haute. Puis le jeu s'inverse : c'est à moi de dire les mots en persan, grâce à la transcription phonétique associée à chaque mot. Reza corrige ma prononciation. J'ai beau m'appliquer, il n'est pas content de moi. Il me fait répéter sans fin le fameux son *khé*. Reza dit « *khé* » et, à mon tour, je dis « *khé* », certaine d'avoir enfin sculpté le parfait *khé*. Mon professeur n'est pas de cet avis. À nouveau, il martèle « *khé, khé, khé* ». Penaude, j'articule : « *khé !* » Non, rien n'y fait. On recommence. Et on recommence. En général, quand une élève, après vingt-cinq tentatives, ne réussit pas à faire ce qu'on attend d'elle, on lui dit qu'elle a fait d'incontestables progrès et qu'on s'y remettra plus tard en s'y prenant différemment. Seulement Reza n'est pas ce genre de professeur. Alors on continue à s'échanger frénétiquement des *khé*, comme si Reza ne doutait pas un instant que, par dépit ou par magie, le juste *khé* finirait par jaillir de mes lèvres.

*

Reza rentre vers 23 heures et referme la porte d'entrée un peu plus fort que d'habitude. Il marche un peu plus lourdement sur le parquet. Et nous salue d'une voix plus rieuse que les autres soirs. Il nous demande si nous avons passé une bonne soirée, en articulant beaucoup chaque mot.

— Oui Daniel, et toi ?

Il répond qu'il a passé une bonne soirée. Il nous regarde fixement et nous demande à nouveau si nous avons passé une bonne soirée.

— Oui Daniel, une très bonne soirée. Toi aussi, on dirait !

Il est complètement soûl.

LE TRAC

11 mars

L'assistante sociale de Reza nous rend visite à la maison. Hélène travaille pour le Samu social et doit évaluer comment se passent les premiers temps de notre cohabitation. Au téléphone, elle m'a dit qu'il ne fallait pas hésiter à parler ouvertement des problèmes qui se posent : par exemple les règles de vie commune sur lesquelles nous ne nous entendons pas, les non-dits, les contrariétés qui pourraient, avec le temps, *générer des tensions*. Mais il semble que Reza, Fabrice et moi n'ayons qu'une idée en tête : dire à Hélène qu'elle fait un métier merveilleux, qu'elle lutte à mains nues contre les dragons xénophobes et que grâce à elle, ceux qui n'auraient jamais dû se rencontrer savourent ensemble du pain afghan croustillant et du fromage à croûte fleurie. Pendant une demi-heure nous lui racontons les joies de notre vie quotidienne, comme si nous avions préparé un spectacle pour lui en mettre plein la vue.

Hélène nous confie alors que la période est particulièrement difficile et que le Samu social peine à trouver des Parisiens prêts à héberger des réfugiés. Je ne veux surtout pas que Reza interprète mal ses mots et s'imagine que sa présence pourrait être un poids. Alors je dis à Hélène que si les gens hésitent à accueillir quelqu'un, c'est peut-être parce qu'ils ont le trac. Et je crois que c'est vrai. C'est tellement difficile, le premier jour, d'aller vers les autres dans la cour de récré. Faire le premier pas. Proposer à un étranger de jouer avec soi. S'arracher à son territoire familier. S'arracher à sa timidité. Je me souviens avoir regardé les élèves de ma classe de CP, un par un, le jour de la rentrée, et m'être dit que je n'arriverais jamais à adresser la parole à personne. Et que je passerais l'année seule dans mon coin. Cette idée me paraissait moins terrible que d'aller à la rencontre d'un inconnu.

*

Ce soir, je ne dîne pas à la maison. Reza est déçu ; je ne goûterai pas l'incroyable plat qu'il a préparé pendant deux heures. Un riz à l'ail, aux oignons, aux tomates, aux aubergines, aux carottes, aux raisins, à la coriandre et au piment doux.

Quand Reza fait la cuisine, il est chez lui. Il n'essaie plus de se faire petit, invisible et silencieux. Il est sur ses terres. Et aussi, je crois, pas loin de sa mère. D'où viendraient ces gestes et ces recettes, sinon d'elle ?

L'ÎLE POSSIBLE

12 mars

Reza est à genoux sur l'évier de la cuisine. Le sol et les murs sont blancs de mousse. En équilibre sur son perchoir, il m'explique qu'il a décidé de tout lessiver car les murs étaient collants : et pour que je comprenne bien, il pose un doigt sur la porte du placard et fait semblant de ne pas réussir à le décoller. Comme nous n'avons pas de hotte aspirante, la cuisine – une cuisine à voyager dans le temps, faite de meubles des années cinquante, en Formica marron – est effectivement collante, graisseuse et poisseuse.

Reza me montre l'intérieur du four, qu'il a parfaitement récuré, et s'exclame : « Nickel ! » Il a appris ce mot à un cours du soir consacré aux règles d'hygiène. La leçon était accompagnée d'un article de journal qui expliquait que les Français, d'une saleté proverbiale, ne se lavaient que deux ou trois fois par semaine.

« Nickel ! Nickel ! » répète Reza. Il taille le mot avec précision dans sa bouche.

Et je lui dis : « Bravo Daniel ! » comme on félicite un enfant, moins pour la prouesse qu'il a accomplie que pour la gaieté de sa présence de braise.

13 mars

D'une seconde à l'autre, le visage de Reza change d'âge et d'âme : son sourire d'enfant qui tient le monde entre ses mains s'assombrit et se fige avec une dureté inouïe. Je le sens capable de violence. La violence de survie qui traverse les corps familiers des fantômes et des décombres.

14 mars

Reza me dit qu'il veut s'inscrire dans une salle de sport, la moins chère possible, mais qu'il ne sait pas comment la trouver. Alors je fouille sur Internet, je compare les clubs, les équipements, les forfaits (ceux qui incluent la serviette et ceux qui font payer cinquante centimes la douche). Je traque les pièges, les astérisques, les frais de dossier. Je cherche la salle de sport idéale : proche de la maison ou du travail de Reza, éclairée par la lumière du jour, spacieuse, bon marché et qui – pourquoi ne pas rêver – ne pue pas la transpiration. Il y a quelque chose d'étrange dans mon zèle. On dirait que j'ai peur. Peur de décevoir Reza. Peur que Paris le déçoive.

17 mars

Fabrice est à la montagne.

Reza, Marius, Noé et moi regardons *La Tortue rouge*, serrés sur le canapé.

Nous formons une île. Une famille possible.

La Tortue rouge est un film d'animation sans paroles ; un film qui parle toutes les langues.

Un homme échoue sur une île déserte.

Il crie.

Il a des visions.

Il construit un radeau.

Une tortue détruit par trois fois son embarcation de fortune.

La tortue l'empêche de quitter l'île.

De dépit, l'homme retourne la tortue sur le dos, il veut sa mort.

Il regrette, il voudrait la sauver ; c'est trop tard.

La tortue morte devient femme.

Le film est d'une lente beauté hypnotisante. L'exil. La famille qui se rêve. L'amour.

Les symboles passent entre nous quatre.

L'homme et la femme ont un enfant, ils le tiennent par la main. Bien plus tard, l'homme a vieilli et il meurt.

À la fin du film, Reza prononce une seule phrase : « Il est mort, le père. » Mon cœur se serre et retient son souffle.

Je ne bouge pas, je ne tourne pas le visage vers Reza, je suis une coupe remplie de larmes à ras bord : si on me touche, si on me déplace de un millimètre, je déborde.

MA MAMAN

17 mars – Minuit

Reza a les yeux cernés, brillants de fièvre, et la peau moite. Je lui demande de me décrire ce qu'il ressent. Il mime un grand frisson et d'un geste tournoyant de la main, m'indique qu'il a des vertiges. Puis il se tâte les amygdales. Je lui donne un Doliprane pour la fièvre, du sirop pour la gorge et un bonbon au miel, parce que *ça ne peut pas faire de mal*, comme disait ma mère quand j'étais petite et qu'une angine m'offrait quelques jours bénis, loin de l'école.

Je dis à Reza d'aller se coucher. Je lui tends un gant de toilette humide à poser sur son front. Il ne peut rien lui arriver mais sa maladie me bouleverse. Comment fait-on, quand on vit dans la rue, pour traverser ces heures-là ? Quand les SDF ont de la fièvre, quand ils ont une angine, comment font-ils ?

Je pourrais veiller Reza à son chevet, lui acheter mille fois le gâteau au citron de la rue Mouffetard qu'il aime tant, lui faire répéter avec patience tous les mots qu'il déforme, l'accompagner à la ménagerie et claquer des doigts pour qu'apparaisse le tapir malais, ça ne changerait rien. Reza est sans famille.

18 mars

Malgré sa fièvre et sa fatigue, Reza veut nous accompagner à la galerie de minéralogie du Jardin des Plantes. Même dans les allées illuminées de fleurs où zigzaguent les enfants en trottinette, Reza conserve sa démarche nerveuse et inquiète. Il avance tête baissée. Régulièrement, il lève les yeux et balaye le paysage à 180 degrés. Je vois bien qu'il ne se sent pas en sécurité dans ces lieux ouverts, où n'importe qui peut arriver de n'importe où.

La galerie, elle, est plongée dans une obscurité rassurante. Reza est fasciné par les minéraux. Il égrène ses mélodieux « Oooooh ! » de ravissement. Il ne veut pas savoir s'il s'agit de quartz, d'or ou d'opale. Il veut seulement qu'on lui dise d'où viennent les pierres. De quel coin de la Terre. Enfin, il en repère une qui vient d'Afghanistan. Il l'observe à travers la vitre et me dit qu'il connaît très bien cette pierre, puis il se met à parler vite, dans un mélange de norvégien et de français émietté auquel je ne comprends rien. Il est question de montagnes, de Talibans, de grande richesse et de destruction. On dirait que rien ne pourra plus arrêter son fleuve de paroles. Il a le front trempé de sueur. La fièvre le fait délirer. Il ne quitte pas des yeux la pierre si réelle et si proche. Cette pierre, c'est son pays. Un vrai morceau de chair arraché à son pays. Quand son enfance remonte en lui, Reza a toujours la même expression sévère et incandescente.

Sur le chemin du retour, en remontant la rue Lacépède, j'ai écrit ce poème dans ma tête :

MAL DU PAYS

Au musée aphone
Brillent
Multitude somptueuse
Les pierres

L'une
Couleur de foie
D'âge millionnaire
Vient de chez lui

Reza raconte
Les bouddhas de Bâmiyân
Désolation poussières la nuit
Ils ont tué même les morts

*

J'invite Reza et les garçons dans un restaurant grec, minuscule et chaleureux, à deux pas de la maison. Quand il entend le couple de propriétaires parler grec, derrière le comptoir, Reza se met à sourire. Un sourire sans joie, figé dans un souvenir. Pour la première fois, il nous parle des cinq mois qu'il a passés en Grèce. Il fait de courtes phrases, souvent sans lien entre elles, comme s'il arrachait, au hasard, des pétales à la grande fleur de sa mémoire : Athènes est très belle. Il aimerait y vivre. Les musées sont partout. La police leur tapait dessus. Marius s'écrie : « La police vous tapait dessus ? Ils ont pas le droit ! » Pour Marius, la police est un ordre international de *gentlemen* qui respecte le Code du savoir-vivre policier, de Paris à Pékin. Reza poursuit son récit : les policiers leur tapaient dessus, dans la rue et dans les camps. Reza a vécu sous une tente au milieu d'une *jungle* (plus tard, je comprendrai que, dans la bouche de Reza, une jungle n'est pas un camp de réfugiés, mais une forêt). Pour passer la frontière entre la Turquie et la Grèce, Reza avait examiné une carte géographique sur Google Maps. Il a couru une nuit entière, pour passer inaperçu, et arriver en Grèce. Il volait des légumes dans les champs pour se nourrir. Marius s'insurge encore : « Mais on a quand même le droit de traverser une frontière et d'aller dans le pays qu'on veut ! Sans se cacher ! »

Petit à petit, les sillons creusés par Reza sur la carte du monde nous apparaissent, comme s'il déchirait ses habits et nous laissait voir son corps zébré de blessures.

19 mars

« Si tu veux inviter quelqu'un à dormir, Daniel, n'hésite pas ! Tu peux transformer en lit la banquette qui est par terre. » Reza me répond qu'il sait très bien qu'on peut dormir sur la banquette… puisqu'il y passe toutes ses nuits. Il m'explique que le lit est trop haut pour lui. En Afghanistan, il dormait sur une paillasse que sa mère rangeait chaque matin, en nouant les coins entre eux. Il imite les gestes de sa mère, il fait les nœuds imaginaires. Il dit « ma maman ». C'est la première fois.

J'ai mille questions à lui poser. Où est ta mère ? Quand l'as-tu vue pour la dernière fois ? Depuis quand n'as-tu pas entendu sa voix ? Quel est son prénom ? Comment coiffe-t-elle ses cheveux ? Est-elle en vie ?

Je n'en pose aucune.

*

Reza nous accompagne aux arènes de Lutèce, qui sont le ventre et le cœur battant du quartier, où s'affrontaient les gladiateurs, où les vieux jouent à la pétanque, où les ados rient à gorge déployée, s'insultent, se filment avec leurs téléphones, se roulent des pelles dans les gradins, où les jeunes parents discutent sur les bancs, où les enfants jouent au foot, où les bébés essaient de remonter à quatre pattes un toboggan sous les cris de leur père : « Pas à l'envers, Emma ! Un grand va te rentrer dedans ! » Mon ordinateur sur les genoux, j'écris, pendant que Marius, Noé et Reza se font des passes. Reza a dû jouer au foot dans son enfance ; il est à l'aise, ses jambes sont souples et rapides, la balle lui colle aux pieds. Je ne lui avais encore jamais vu ce sourire de profonde détente. Je n'écris pas, je n'écris plus : je les regarde tous les trois. On dirait des frères. Marius bouscule l'air de son corps brusque et pugnace ; Noé est léger comme l'ombre heureuse d'un oiseau. Il ne faut pas que je pense sans cesse à la mère de Reza, à l'irréparable, à l'exil, à tout ce qui lui manque. Ce qui arrive ici, dans les arènes de Lutèce, *arrive*. Chaque minute existe. Le plaisir. Le jeu. La grâce du mouvement. L'enfance si proche. La liberté. Ces minutes existent pour Reza. Elles continueront d'exister. Un jour, Reza pourra poser la tête sur l'épaule douce de ces minutes.

La vie de Reza ne s'est pas arrêtée avec la guerre. Il est né dans un pays en guerre. Sa vie ne s'est pas arrêtée le jour où il a fui en Iran avec sa famille. Sa vie ne s'est pas arrêtée quand il a perdu la trace de sa mère et de ses frères et sœurs. Sa vie ne s'est pas arrêtée quand il s'est retrouvé seul, à traverser l'Europe sous un camion. Sa vie ne s'arrête pas. Sa vie est vivante. Reza joue au foot, dans le Ve arrondissement de Paris, et il a la vie devant lui.

*

Je suis dans ma chambre. J'écris. J'entends Reza, Marius et Noé discuter dans le salon. Ils fabriquent des origamis : des guirlandes, des tulipes et des oies. Quelle joie de les sentir là, si près, au chaud et à l'abri.

Quand je les rejoins, leurs trois têtes sont penchées au-dessus d'un puzzle en construction. Les centaines de pièces restantes sont presque toutes bleues, identiques, à devenir dingue. Le puzzle représente une carte du monde. Les continents sont perdus dans l'immensité des océans. Les pays sont délimités par un trait noir. Comme on le disait à l'école, la carte est *muette.* La carte est même muette comme une carpe : elle passe la violence sous silence. Elle ne dit rien de ceux qui prennent la fuite. Rien des frontières infranchissables. Rien des bateaux qui sombrent.

Je pense aux corps humains que la mer avale.
Est-ce que nous rêvons des morts, la nuit ?
Charybde et Scylla, c'est nous.

Je n'ai que la poésie.

J'avais pris l'habitude de les chasser
Avec mes dents
Et mes dents se cassaient
De les chasser avec des bâtons et
Les dents qui me restaient
De les chasser en dansant
De maudire la mère de leur mère
Maudire les accouchements
Qui rougissent leur terre
J'avais pris l'habitude de les chasser
De leur jeter des bateaux à la figure
Des bateaux crevés
Remplis de morts et de sel
Des bateaux fragiles comme des jouets
Des illusions de bateaux au soleil
Des mirages de phares et de frères
J'avais pris l'habitude de les noyer
Dans mon sommeil

LES JOURS HEUREUX

20 mars

Voilà deux jours que Reza tousse la nuit, à se déchirer la poitrine. Deux jours que je lui dis qu'il faudrait aller voir un docteur. Qu'il me dit que ça ne servirait à rien. Que j'insiste. Qu'il me promet qu'il se sent de mieux en mieux. Qu'il tousse de plus en plus en fort. Que je sens qu'il a peur de quelque chose.

Ce matin, il a enfin accepté. Il est brûlant de fièvre. Sur le chemin, il me montre son passeport aux lettres dorées : *Titre de voyage pour personne réfugiée.* En haut de chaque page on peut lire : *Convention de Genève de 1951.* Ces mots, il suffit que je les lise pour avoir les bras hérissés de chair de poule. C'est comme de lire la plus transparente des poésies. Comme de lire Henri Michaux qui écrit à son aimée : « Quelqu'un dit. Quelqu'un n'est plus fatigué. Quelqu'un n'écoute plus. Quelqu'un n'a pas plus besoin d'aide. Quelqu'un n'est plus tendu. Quelqu'un n'attend plus. L'un crie. L'autre obstacle. Quelqu'un roule, dort, coud, est-ce toi, Lorellou ?[1] »

Reza m'apprend que son passeport expire en septembre et qu'il ne sait pas comment le faire renouveler.

Avoir des papiers.

Ne surtout pas les perdre.

Veiller sur les papiers comme sur un feu qui ne doit jamais s'éteindre.

Reza me demande s'il va devoir payer.

— Tu n'auras rien à payer. Tu as une carte Vitale.

Reza n'est pas sûr qu'ils prendront sa carte.

— Si, ils la prendront, je te le promets, c'est là loi.

Reza dit qu'il faudra quand même payer les médicaments.

— Daniel, ne t'inquiète pas, les médicaments seront gratuits.

La femme médecin tient la carte Vitale de Reza dans sa main. « Il y a une erreur, me dit-elle. Il ne peut pas être né en 95… »

— Si, il a vingt-deux ans.

Une vie passée à fuir, ça fait vieillir.

Le docteur l'ausculte et lui demande s'il fume des cigarettes. Il me regarde avant de répondre, comme s'il craignait de ne pas donner la réponse souhaitée. D'un ton hésitant, presque interrogatif, il hasarde un : « Fume ? Oui. »

1. Henri Michaux, « La Ralentie » *in Lointain Intérieur*, Éditions Gallimard, 1963.

« Ah non ! Il faut arrêter ! s'exclame la femme. Il faut arrêter tout de suite ! » J'aime bien cette façon autoritaire et idiote de formuler l'interdiction. Et j'aime l'expression sur le visage de ce docteur, son attention et son sérieux. Les mots qu'elle jette ne sont pas des mots en l'air. Elle ne veut pas que Reza tombe malade. La santé de Reza compte.

Le jour où quelqu'un se fait du souci pour vous, vous n'êtes plus seul.

Dans la rue, Reza semble très soulagé, presque un peu guéri.

— Tu vois, Daniel, on n'a rien payé.

— Rien payé ! confirme Reza.

Je n'ai pas pu m'empêcher de le dire. *Rien payé.*

Pourvu que dure cette France-là.

Pourvu qu'elle résiste.

Non, Reza n'a rien payé, et je me sens fière comme si j'avais moi-même rédigé le projet de Sécurité sociale dans le Programme du Conseil national de la Résistance. Dans sa première version, ce projet s'appelait « Les Jours heureux ». Parce que se faire du souci pour tous et pour chacun, voilà le bonheur.

21 mars

Au métro Barbès, Reza a acheté un sac rempli de trente paires de chaussettes vert et jaune fluorescent, décorées de l'emblème de la Coupe du monde de foot 2014 au Brésil. Il nous dit qu'il a remarqué que toutes mes chaussettes et toutes celles de Fabrice étaient trouées. Il nous offre quatre paires chacun.

*

Nous sommes dans l'ascenseur quand Reza me demande si je peux lui donner de l'argent : il lui reste *trente-cinq*.

— 35 centimes ou 35 euros ? demande Noé.

— Centimes, répond Reza.

— Alors il y a un problème, tranche Noé. Tu peux rien acheter avec 35 centimes.

Noé a raison, il y a un problème. Mais quel problème ?

D'un côté – un côté raisonnable et étriqué –, je me dis que je n'aurai pas les moyens de donner 50 euros à Reza à chaque fois que son compte en banque sera vide, et qu'il doit apprendre à vivre avec son seul salaire, en prévision du jour où il aura un loyer à payer. Et d'un autre côté – un côté immense et sacré –, j'admire sa façon de dépenser son argent : d'abord les autres, d'abord ceux qui sont restés sous le pont du métro, d'abord la masse des plus mal lotis que lui.

Celui qui a réussi à survivre dix ans dans des pays dont il ne parlait pas la langue, à peine sorti de l'enfance ; qui a su remplir son ventre chaque jour, trouver chaque nuit un coin de toit ou de tente ; celui-là n'a pas de cours de gestion et de comptabilité à recevoir. Il paiera son loyer le jour où il aura un toit bien à lui, un bail à son nom. Et quelque chose me dit qu'il en fera profiter d'autres que lui.

Je pars dans le sud de la France, rencontrer des lecteurs et leur parler de mon dernier roman. Alors que je tends la main à Reza pour lui dire au revoir, il s'avance vers moi et me fait la bise. C'est la première fois que nous faisons ce geste rituel. Les pommettes de Reza heurtent mes pommettes. Le mouvement est trop brusque, le contact raide comme l'arête d'une pierre.

Il n'est pas si facile à réussir, ce tendre salut.

22 mars

Marius a fabriqué un bracelet à trois rangées de perles. Il le donne à Reza, emballé dans un reste de papier cadeau de Noël, détournant le regard, avec un haussement d'épaules désinvolte. L'air de dire : « Bon ! C'est juste un bracelet ! On va pas en faire toute une histoire… »

Et le sourire de Reza !

Un jour, il faudra trouver un nom à ce sourire.

*

Aujourd'hui, c'est Norouz, le Nouvel An du calendrier persan et la fête du Printemps. Reza était soûl et gai quand il est rentré à la maison. Il s'aide d'une main, élégamment posée sur le mur du salon, pour ne pas vaciller. Il me raconte qu'il a passé la journée avec des Iraniens et qu'ils ont dansé et chanté. Il y avait des fleurs partout. Chacun avait apporté de quoi boire et manger. Quand Reza est ivre, il a toujours cette mine farceuse d'adolescent qui retient un fou rire et redoute de se faire engueuler. Je vois comme il se concentre : il se tient trop droit et articule exagérément chaque mot. Il mime avec la main des choses qui n'évoquent rien de clair. Il répète quatre ou cinq fois la même phrase, les yeux éclairés d'une lumière un peu folle. Inlassablement, il dit : « Très important, fête au printemps ! Dans mon culture, très important ! » Il prononce des mots en persan. Sa joie est si réelle qu'on pourrait la toucher. Il a besoin d'entendre parler farsi comme d'un toit. Entendre enfin sa langue et y trouver refuge.

Quand j'avais dix-huit ans, mon amie Pauline et moi avons passé l'été en Amérique du Sud, à la fin de notre première année de fac. Ni elle ni moi ne parlions un mot d'espagnol. Après plusieurs semaines de voyage au Pérou, je me souviens de notre état d'euphorie et de surexcitation quand nous avons poussé la porte de l'Alliance française de La Paz. Comme il était doux d'entendre parler français ! Quel soulagement ! Entrer dans le bain chaud et rassurant de sa langue natale. Un téléviseur était allumé dans un coin, réglé sur TV5 Monde. Nous buvions les paroles du présentateur. Peu importe ce qu'il disait : nous le comprenions. Nous étions ses petites sœurs.

Nous avions décidé de rester dîner à l'Alliance française, même si les prix étaient bien au-dessus de notre budget. Au menu, il y avait du « lama bourguignon ». Nous étions en Bolivie et nous étions chez nous. Et si nous voulions en douter, notre corps, lui, savait qu'il était chez lui. La langue française nous avait manqué, et avec elle, la puissante simplicité de comprendre et de se faire comprendre.

Mais je parle d'un voyage. Un voyage féerique qui nous a emmenées jusqu'au pied du volcan Parinacota qui culmine à 6 348 mètres et se mire dans les eaux du lac Chungara, autour duquel paissent les gracieuses vigognes. Un voyage désiré. Pas un exil, pas un déracinement forcé. Comment vivre là où on n'a pas choisi de vivre ? Là où la peau ne se sent pas chez elle ? Là où la langue nouvelle vous repousse ? Faut-il renoncer à sa langue ancrée, à ses paysages d'enfance, pour laisser pousser en soi un nouveau pays – le pays *d'accueil* qui, souvent, n'a rien d'accueillant ? Quant à moi, j'ai le sentiment que je ne pourrais vivre nulle part sans être envahie non par les souvenirs du pays qui me manque, mais par l'actualité amoureuse et indestructible de sa langue.

Pour comprendre combien la langue de son enfance est vitale pour Reza, et comme elle lui tient lieu de pays, je dois, comme on dit, me *mettre à sa place*. Or c'est précisément une chose impossible. Pour y parvenir, il faudrait que je sache ce qu'est la guerre, la fuite, la traque, les camps de réfugiés, cette peur-là, cette faim-là, ce froid-là. Il faudrait que j'aie déjà ressenti ce que *ça fait* au ventre et au cœur de n'être jamais bienvenue, de se cacher pour ne pas être refoulée encore et encore aux marges du monde où la vie est possible. En écrivant ces mots, je repense aux premiers matins de Reza à la maison. À son silence inhumain, à cette façon de se déplacer sans bruit, de rester dans le noir, de ne pas faire couler l'eau, de ne presque pas exister. Que se passe-t-il, au fond de soi, quand on a perdu sa langue et sa famille et qu'on cherche éperdument un lieu, même étroit, même sourd, où replanter sa vie ?

QUAND J'ÉTAIS RICHE

23 mars

Marius arrive en courant dans le salon, déguisé en Jules César. Un Jules César savamment relooké par Noé : collier de perles, lunettes rondes aux verres rose psychédélique et longue perruque blond platine. Reza dit que ça lui rappelle un film, sans que je comprenne un mot de l'histoire qu'il essaie de me résumer. Il n'arrive pas à se souvenir du titre. Je propose *Priscilla folle du désert. Madame Doubtfire. Certains l'aiment chaud.* Non, ça n'est pas ça. Reza mime un combat et par miracle je finis par comprendre qu'il me parle de *Gladiator*, le film de Ridley Scott. Il m'explique qu'il l'a vu en Turquie où il passait ses jours et ses nuits à regarder des films sur un écran d'ordinateur. Comme souvent avec Reza, j'entrevois sa vie par le trou d'une anecdote. Alors je lui pose doucement des questions, en évitant celles qui risqueraient de brutalement claquer la porte de son récit. Il suffit d'un mot pour que Reza redevienne silencieux et que son visage se couvre d'un masque sombre et buté. Je *tourne.* Je tourne autour du mystère de son odyssée. Je découvre qu'il a passé près de un an en Turquie. Il avait treize ans et vivait dans un appartement squatté par un groupe d'Afghans. Reza ne sortait presque jamais dans la rue, pour ne pas prendre de risques. Il redoutait la police.

La peur de la police. Viscérale. Solide. Qui saisit la nuque. Comme la peur instinctive du serpent. Cette peur ne l'a pas quitté. Je le sais, je le sens et je le vois. Quand nous nous promenons dans le quartier, je suis la seule à me *promener*. Reza ne fait que traverser un lieu pour aller quelque part. Il préférerait se téléporter. Il est aux aguets et cherche des yeux la police. Dès que nous croisons un homme ou une femme en uniforme, même si ce n'est qu'un gardien du Jardin des Plantes, Reza se raidit : son dos semble se crisper autour d'une bille noire logée à la cime de la colonne vertébrale. Hier, nous avons croisé une patrouille de militaires rue Mouffetard. J'ai senti que le corps de Reza changeait aussitôt de forme. Comme le poulpe qui modifie son aspect à l'approche d'un danger. Je lui ai dit : « Daniel, tu as une carte de résident. Il ne peut rien t'arriver ! »

C'est peut-être moi que je voulais rassurer. Et si les papiers ne suffisaient pas ? Et si la loi changeait ? Et si Marine Le Pen était élue en mai ?

*

Reza a préparé le dîner. Les légumes sont fondants, délicieux, et honteusement imbibés d'huile. Tout en rompant le pain de ce geste singulier qui consiste à le déchirer lentement, comme s'il voulait éviter de le blesser, Reza nous raconte qu'il n'allait pas à l'école quand il était petit. Noé s'exclame : « Trop de chance ! » Reza explique qu'il ne sait pas très bien écrire sa propre langue, le dari, car il n'a eu de précepteur que pendant deux ou trois ans. Entre les lignes, je comprends que le couple que formaient ses parents – un musulman chiite et une chrétienne – excluait la famille de toute vie sociale. Pour évoquer son enfance dans la province de Lôgar, non loin de Kaboul, pour la situer dans le temps, Reza emploie cette expression frappante : « Quand j'étais riche. »

29 mars

Je suis seule avec Reza à la maison. Fabrice est au travail ; les enfants sont à l'école. J'écris de la poésie, dans ma position fétiche : accroupie sur une chaise, grenouille prête à bondir dans les entrailles rêveuses de l'ordinateur. Reza écoute de la musique dans sa chambre : une femme chante en farsi (enfin, j'imagine que c'est du farsi, mais je n'en sais rien). Il ouvre sa porte, s'avance vers moi et me demande si j'aime sa musique. Je lui dis qu'elle est très belle. Elle est même magnifique. Il ne me demande pas si la musique me dérange pour écrire. Cette musique est un supplément de beauté, elle ne peut déranger personne. Elle caresse la peau sans faire de bruit.

LES PETITES CHOSES SI GRANDES

8 avril

Marius et Noé sont en vacances chez mes parents, à Antibes, pendant que Fabrice et moi passons la semaine en Corse. Comme chaque année, j'ai assassiné des oursins et j'ai expié mon crime en poésie :

Grâce à l'œil immémorial du poulpe
Je ne mange plus de bêtes
À midi pourtant
À genoux la plage
Une pierre d'injuste puissance à la main
J'ai tué des oursins
Des violets, des bruns
D'une beauté, d'un éclat !

Brisé les nids d'aiguilles
Fouillé les grumeaux
Les membranes immondes
Mon dégoût réjoui
Couché sur ma langue
Les comètes d'iode

Me revient l'image
D'une tartine d'enfance

Soigneusement beurrée
J'y déposais les flammes
Limaces d'œufs d'oursin
Bien parallèlement

Je ne compte plus mes morts

Reza est resté seul à Paris. J'imagine ce qu'il pourrait trouver en fouillant à peine, simplement en ouvrant les tiroirs de notre chambre : toutes les femmes nues que j'ai bannies. Surtout les photos où l'on voit des sexes en gros plan, si émouvants, parcourus de coléoptères aux somptueux dos iridescents. Pourvu qu'il ne les trouve pas. Ou plutôt, pourvu qu'en les trouvant, il les trouve belles.

J'aime le savoir là-bas, chez nous, chez lui. Enfin libre de faire du bruit.

Je dis à Fabrice que Reza profite sûrement de notre absence pour organiser des fêtes fantastiques, embrumées d'alcool, jusqu'à 5 heures du matin, avec ses amis afghans et iraniens. Quand on rentrera, l'appartement sera en ruine. Reza aura disparu avec nos carnets de chèques, les bijoux et la statue antique de Déméter.

La vérité, c'est que notre confiance en lui est sans limite. La confiance est un prénom. Elle nomme celui qui en hérite. Elle ne peut plus se détacher de lui. S'il trahissait cette confiance, il oublierait son nom, il se perdrait dans son verbe et dans la maison de sa naissance. Il abandonnerait ses parents et les parents de ses parents.

12 avril

Reza m'a téléphoné. Quand j'ai vu son nom apparaître sur l'écran, j'ai tout de suite pensé qu'il y avait une inondation dans l'appartement. D'ailleurs, il y a eu une fuite juste avant notre départ en Corse.

Il n'y avait pas d'inondation.

Reza m'appelait pour me dire qu'il venait de rentrer du travail, et comme il pensait à nous, il avait décidé d'appeler. Dans la voix de Reza, il y avait un tremblement et comme une prière. Je lui ai dit qu'ici, nous étions entourés de fleurs. Je sais qu'il les aime. À Paris, il me demande toujours leur nom, quand on se promène. Et il répète ces noms après moi. Il y a une joie particulière à prononcer le nom des fleurs. Reza me demande : « Vous quoi faire ? » Je lui réponds que nous allons à la plage et que nous marchons beaucoup dans les montagnes. D'un ton joyeux, il dit : « Montagne ! » Ce mot a un effet magique sur Reza. Toute montagne est la montagne de son enfance. Il me pose des questions, me raconte sa journée de travail, sa voix est enjouée. Elle s'étire comme un chat qui se prélasse, pile sous un rayon de soleil, et qui n'a aucune intention de bouger ni de raccrocher le téléphone.

15 avril

Pendant notre semaine en Corse, Reza a vidé deux bouteilles d'huile de tournesol, le moulin à poivre de la tête aux pieds et cent cinquante grammes de sel. La première fois que je l'ai vu cuisiner, je me souviens avoir retenu sa main, alors qu'il allait verser, dans un coulis de tomates garni d'aubergines, une cuillère à soupe de sel. « Attention Reza ! C'est pas du sucre ! » lui avais-je dit d'un ton catastrophé, désolée à l'idée qu'il ruine sa recette. Il m'avait répondu : « Oui, c'est sel ! Je beaucoup sel ! » Il avait vidé la cuillère dans la casserole. Il avait mélangé le tout. Goûté. Jugé qu'il manquait une pointe de quelque chose. Et sous mon regard médusé, il avait rajouté une pleine cuillère de sel.

16 avril

Il y a des petites choses. Si grandes.

Reza a fabriqué un cœur en fil de fer, qu'il a suspendu à la poignée du placard de la cuisine pour que Noé puisse enfin ouvrir la porte et atteindre les verres et les assiettes.

REZA DANS LA JUNGLE

17 avril

Reza n'est pas rentré cette nuit.
Que fait-il ?
Il est débrouillard, il est fort, il a des papiers.
Je n'ai aucune raison de m'inquiéter.
Je m'inquiète.

18 avril

Je n'ai pas vu Reza depuis deux jours et deux nuits. Je suis seule à la maison. Marius et Noé sont encore à Antibes. Fabrice est à la montagne. Je me fais du souci. Et si on l'avait contrôlé et qu'il n'avait pas ses papiers sur lui ? Pourquoi est-ce qu'il ne m'appelle pas ? Et en même temps, pourquoi est-ce qu'il m'appellerait ? Je lui ai toujours dit qu'il n'avait pas à me dire ni où il allait ni à quelle heure il rentrait.

Mais deux jours et deux nuits, c'est long.

19 avril

Reza est enfin rentré à la maison. J'ai essayé de ne pas paraître inquiète et furieuse ; je crois que j'ai échoué. Quand il a vu mon visage, celui de Reza s'est décomposé et il s'est excusé mille fois de ne pas m'avoir prévenue qu'il passait trois jours avec des amis iraniens dans la jungle.

— Dans la forêt, Daniel. La jungle, tu sais, c'est plutôt dans les régions tropicales.

— Non ! Pas forêt. *Jungle.*

— Tu veux dire… Un camp de réfugiés ? Avec des tentes ?

— Non. Pas réfugiés. Arbres.

— Oui, alors c'est une forêt.

— Non, pas forêt. Jungle.

Parfois, on a beau faire, on ne se comprend pas.

LA CABANE

20 avril

Quand il coupe un concombre en rondelles, Reza conserve la queue. Il m'apprend que c'est une tradition dans sa région natale. On colle l'extrémité humide du concombre sur son front et quelque chose de bienfaisant et de frais se dissipe sur la peau. Il a une façon ferme et affectueuse de m'inviter à observer ce rituel. Il me dit que sa mère le faisait toujours. Impossible de refuser.

Ce petit bout de concombre ne me laisse pas indifférente. Je sens un point d'énergie là où il embrasse la peau, et le nœud vibrant s'étend en cercles concentriques et relaxants jusqu'aux tempes. J'espère que ceux qui liront ces lignes conseilleront à leur sœur ou à leur fils de déposer le nez du concombre au centre de leur front, et alors la tradition chère à Reza passera de corps en corps et aura la vie longue.

21 avril

Chaque soir, Fabrice rapporte de la boulangerie une délicieuse baguette de pain à peine sortie du four. Dès qu'il ouvre la porte, avant même de lui dire bonsoir, Noé et Marius crient en chœur : « Papa, t'as pris le pain ? On peut en avoir ? » Depuis trois jours, Reza devance Fabrice et achète lui-même la baguette du dîner. Il l'achète au supermarché. Elle n'a aucun goût. Cette baguette est une insulte à la baguette. Avec autant de tact que possible, j'explique à Reza qu'il vaut mieux acheter le pain chez de vrais artisans, sans quoi les boulangers seront bientôt tous au chômage. En réalité, ma seule peur est que Reza s'entête à acheter la baguette chez Carrefour et que nous soyons privés de notre croustillante joie quotidienne.

22 avril

Reza tient une grande penderie en bois entre ses bras. Il la pose au milieu du salon et me dit, tout essoufflé : « Pour tes livres ! »

Ces trois mots se précipitent sur mon cœur et le cognent très fort. Je suis tellement émue que je me contente de répéter bêtement : « Pour mes livres ? C'est une penderie pour mes livres ? »

Reza a remarqué que mes livres ne tenaient plus sur les étagères des bibliothèques. Il y en a partout. Par terre. Le long des murs. Sous les tables, sous les chaises, sur le canapé. Et leur population ne cesse jamais de grandir. Chaque semaine, cinq ou dix nouveaux livres débarquent à la maison et gagnent le sommet des piles qui poussent comme du chiendent.

Reza a trouvé la penderie sur un trottoir, à l'autre bout de Paris, et l'a rapportée à pied. Il l'a montée dans les escaliers jusqu'au cinquième étage ; elle ne tenait pas dans l'ascenseur. Elle est si fragile et gracieuse, avec ses fines planches et ses baguettes de bois clair. Marius et Noé s'écrient : « C'est une cabane ! » La penderie est surmontée d'un vrai toit pentu. Je me demande comment ranger des livres dans ce meuble. Il y a un grand espace vide, d'un côté, pour suspendre des habits. Et de l'autre, quatre étagères qui n'ont pas de bords, ce qui empêche de placer les livres à la verticale. Ce n'est pas le *bon* meuble et c'est encore plus beau. Cette penderie murmure que les livres peuvent vivre partout, dans un frigo, dans une horloge comtoise, dans une penderie, pourvu qu'ils aient un refuge rien qu'à eux : une cabane.

J'ai toujours pensé que les cabanes étaient le plus bel endroit du monde. Toute mon enfance, j'ai rêvé de cabanes. Elles hantent mes poésies.

cabane cabane
cabane cabane cabane
cabane cabane cabane
cabane cabane cabane cabane
cabane cabane cabane cabane
cabanecabanecabanecabane
cabane cabane cabane
cabane cabane
cabane
cabane
cabane
cabane
cabane
cabane
cabane
cabane
cabane

Si je m'écoutais
j'écrirais cabane
toute la journée

Le Prince à la petite tasse

*

J'ai toujours pris
mes cheveux
sylvestres venteux
pour cabane

*

Aucun mot
n'a son goût tanné de joie
son corps de soleil salé
J'écrirai cabane jusqu'au nerf d'impatience
jusqu'à déborder de visions de singes
tirer de mes boucles l'échelle de Jacob
Je glisserai cabane entre mes cuisses, coucherai dedans,
[sucerai ses os de bois, brûlerai d'échardes et de silence,
[je n'aurai pas d'adresse, je vivrai partout,
[d'aventure et de vigie
Je renaîtrai perchée

*

Pourquoi se réincarner
Si ce n'est
En cabane ?

SOURIRE RÉZIEN

23 avril

Reza et moi cuisinons l'un à côté de l'autre. Je ne sais pas ce qu'il prépare. Pour l'instant, il a découpé en lamelles quinze gousses d'ail. *Quinze.* Je n'arrive pas à en croire mes yeux. Soudain il se tourne vers moi, inspire profondément et me dit pardon. Pardon d'être resté dans sa chambre toute la soirée, la veille. Pardon de ne pas nous avoir dit bonne nuit. Il se sentait très fatigué. Je lui dis : Mais Daniel, tu es chez toi. Si tu veux rester dans ta chambre, être tranquille, tu fais ce que tu veux. Et si tu veux inviter quelqu'un à dormir ou à boire le thé, tu invites qui tu veux. Ma voix tremble. Je lui dis que moi aussi je suis fatiguée en ce moment. Que mon père est malade et que je m'inquiète pour lui. Et sans comprendre par quel chemin ces mots sortent de moi, je lui demande s'il a des nouvelles de sa mère. Je n'ai jamais osé le faire. Depuis des mois cette question est là, autour de nous, partout, qui retient son souffle. Il me répond simplement : « Non. » Et pour une fois, bien qu'on évoque sa famille, son visage ne disparaît pas derrière un masque dur et froid. Je lui demande s'il sait où elle se trouve. Il y a un silence. J'ai peur qu'il me dise qu'elle est morte. C'est comme si je l'entendais déjà prononcer la phrase sans retour. Mais je me trompe. Il me dit seulement qu'il n'a pas de nouvelles d'elle et qu'elle est peut-être en Iran. Je lui demande depuis quand il ne l'a pas vue.

Très longtemps.

La dernière fois, c'est quand vous étiez en Iran ? Quand tu avais douze ans ?

Oui.

Je voudrais lui poser encore une question, pour ne pas couper le fil fragile qui nous relie à sa mère.

Elle a quel âge, ta maman ?

Quarante-sept ans.

Je dis : C'est très difficile.

Reza dit : Oui, c'est très difficile.

Puis on ne dit plus rien.

Nous retournons à nos légumes. Nous les pelons, nous les découpons. Et c'est comme un baume sur la peau. Nos mains si proches, aux danses jumelles. Rien ne peut abîmer ces gestes-là, personne ne peut leur retirer leur sens et leur projet. Il y a le son des lames qui coupent et qui pèlent. Ces bruits infimes qui nous rassemblent.

24 avril

Comment s'appelle ce sourire ? Ce prodigieux sourire qui semble s'agrandir sans fin, dévoilant à chaque instant de nouvelles dents, contaminant de sa joie enfantine les pommettes et les yeux de Reza ?

Je veux lui donner un nom. C'est le *sourire rézien.*

Quand Reza est sorti de sa chambre et qu'il a vu que j'avais rangé tous mes livres sans abri dans la penderie, un sourire rézien a illuminé le salon.

À la barre prévue pour les cintres, j'ai suspendu des masques vénitiens et un collier de jasmin.

De mémoire de livres, on n'a jamais vu une si jolie bibliothèque-penderie.

NOUS AUTRES RÉFUGIÉS

25 avril

Reza me dit qu'en sortant du travail, il est allé au musée Cernuschi.

Il faut imaginer sa journée, réellement. Pendant six heures, il a nettoyé le sol d'une crèche municipale, les toilettes, le dortoir, les couloirs, le local à poussettes, le local à poubelles, le réfectoire, les bureaux de l'administration, puis il a passé deux heures au musée Cernuschi à admirer le *Grand Cheval au trot* du Sichuan, le *Bodhisattva Avalokiteśvara assis en position de délassement* et le *Bouddha de Meguro* en bronze.

Reza s'assied à côté de moi dans le salon, et me dit qu'Henri Cernuschi, le grand collectionneur d'art, était un réfugié. Il l'a lu sur le mur du musée. Un Italien réfugié en France. Une lumière brille dans ses yeux. Il parle de Cernuschi mais je sais qu'il me parle de lui. De son espérance, de sa vie possible, future, riche, passionnante. Quand je demande à Reza comment s'est passée sa journée de travail, le plus souvent il me répond : « Bien, mais c'est pas intéressant. »

Reza est tombé en adoration devant le colossal *Bouddha de Meguro*. Il me le décrit. Il avait six ans quand les Talibans ont détruit les bouddhas millénaires de Bâmiyân, à 200 kilomètres de sa maison. Taillant les syllabes comme des pierres précieuses, Reza me dit : « Il est magnifique. » Je ne l'ai jamais entendu utiliser ce mot. « Magnifique » vient du latin *magnus* (« grand ») et *facere* (« faire ») : faire les choses en grand.

*

J'écris à la table en Formica rose, toujours à la même place, près de la fenêtre, avec vue sur un couple de pigeons ramiers, les toits en zinc gris bleuté, et le crâne du Panthéon. Reza est au téléphone depuis une demi-heure dans sa chambre. Il parle en dari. Il parle comme on parle sa propre langue : vite, sans effort, insufflant les émotions dans les modulations infinies de la voix. C'est comme si j'entendais Reza parler pour la première fois. Je pense au texte bouleversant de la philosophe Hannah Arendt : « Nous autres réfugiés, nous avons perdu notre langue maternelle, c'est-à-dire nos réactions naturelles, la simplicité des gestes et l'expression spontanée de nos sentiments[1]. » À force d'entendre Reza buter sur des mots pauvres et imprécis, j'en viens à penser que c'est la forme de son esprit qui est pauvre, incapable de subtilité et de nuances. On oublie sans cesse que celui qui bredouille une langue en parle couramment une autre. La sienne.

1. Hannah Arendt, *La Tradition cachée*, traduction Sylvie Courtine Denamy, Christian Bourgois éditeur, 1990.

26 avril

C'est un grand jour. Marius et Noé ont mis des chapeaux et des nœuds papillons qu'ils ont trouvés dans la malle de déguisements. Quant à Reza, il a enfilé une chemise blanche parsemée de strass, et il s'est aspergé d'un parfum redoutable qui embaume l'encens et la rose chimique.

Nous sommes prêts à partir au concert. Plus exactement, à la répétition générale d'un concert de l'Orchestre de chambre de Paris et de la Maîtrise de Notre-Dame. Nous sommes invités par le Samu social. Comme l'a dit Noé à Reza : « C'est grâce à toi qu'on y va ! »

Aussi étrange que ce soit, je n'ai jamais mis les pieds dans la cathédrale la plus célèbre du monde, qui se trouve à douze minutes à pied de chez moi. À chaque fois que je passe devant Notre-Dame, deux sentiments inconciliables me saisissent : celui d'être à l'endroit de vérité, sur la peau émue et ridée d'un monde millénaire, et celui d'assister à un tournage de film hollywoodien, où des milliers de figurants jouant des touristes s'ennuient à mourir entre deux prises.

Nous devons d'abord passer par une grille, sur le flanc de la cathédrale, gardée par deux vigiles dont l'un demande assez sèchement « C'est pour quoi ? » Près de moi, je sens Reza qui s'agite et se crispe. Il regarde ailleurs, loin, vers le bout de la rue du Cloître-Notre-Dame. Je le prends par le bras ; nous entrons dans l'église.

Deux femmes assises derrière une table attendent que nous donnions nos noms pour les barrer sur leur liste. Quand vient son tour, Reza dit d'une voix hésitante : Norouzi Reza. La femme trouve immédiatement son nom et tend à Reza sa place de concert. Il semble stupéfait que son nom soit sur la liste des invités. Son fabuleux sourire rézien se dessine. Nous traversons la cathédrale jusqu'à la première rangée ou cinq chaises nous sont réservées.

J'ai des larmes plein les yeux. Qu'est-ce qui m'émeut à ce point ? C'est peut-être de me réconcilier avec cette cathédrale aimée et mal aimée. Ou bien c'est la beauté des pierres et la rosace traversée par les derniers rayons du soleil. Ou c'est d'être réunis tous les cinq dans le ventre de Notre-Dame. Reza est assis à côté de moi et j'ai soudain l'impression qu'il est enfin arrivé. Qu'il a fini son odyssée et que sa vie peut s'enraciner ici. Pousser ici. Fleurir ici. En France.

Les musiciens sont en place.

— Les enfants que tu vois derrière, Daniel, c'est le chœur. Ils vont chanter.

— Vous aussi chante chœur.

— Oui, sauf que moi, je chante dans la chorale de la fac de Nanterre, c'est beaucoup moins chic !

— *Chic !* répète Reza en riant. *Chic*, c'est quoi ?

— Chic, ça veut dire élégant… Très *classe*… Avec un super style, quoi !

— Comme nous ! s'exclame Reza, en montrant de la main nos chemises et les nœuds papillons de Marius et Noé.

Pendant le concert, Noé n'a pas quitté des yeux le contre-ténor, comme s'il s'agissait d'une apparition surnaturelle. Il s'est penché vers moi et a chuchoté : « Mais c'est sa vraie voix, tu crois ? » Marius n'a pas arrêté de remuer dans tous les sens, puis il s'est endormi, la tête sur les genoux de son père.

Reza et moi avons été pris d'un fou rire à cause d'un jeune choriste à boucles blondes, qui vivait la musique avec passion, se balançait fougueusement de droite à gauche, le visage incroyablement expressif, déformé par des mimiques d'affliction et d'extase. À chaque fois que Reza et moi parvenions à nous calmer, le petit chanteur recommençait de plus belle sa danse d'envoûtement, et notre fou rire se rallumait.

Nous sommes rentrés à pied, sans nous presser, le long de la Seine. La lumière dorée des lampadaires semait à la surface de l'eau des millions de paillettes scintillantes. Reza a déclaré que le concert était *magnifique*. Noé chantait à tue-tête, imitant le contre-ténor. Quand j'ai dit à Marius qu'il avait réussi l'exploit de s'endormir avec un orchestre à deux mètres de ses oreilles, il s'est récrié. « J'ai pas du tout dormi ! Je me suis reposé pour mieux écouter la musique ! » Fabrice et Reza ont éclaté de rire. Reza marchait d'un pas souple et calme au milieu de nous, sans guetter les dangers à l'horizon.

Nous avancions, joyeux, tous les cinq, sous la lune, bénis par la chance.

*

Il est minuit. Tout le monde dort. Et moi j'écris une poésie.

Sous la croisée du transept
En lignes dociles les enfants
Chantent glacés
Sauf ce garçon
Aux lèvres d'extase
Chavirement délire
Cils d'or
Feu dressé de son casque
Les doigts enlacent l'air ancien
La cathédrale tient dans son poing

Deux portes donnent sur le salon : celle de Marius et Noé, et celle de Reza. J'entends Noé parler dans son sommeil : il prononce le nom de son frère. Un peu plus tard, il se met à rire. Plus tard encore, Reza fait un cauchemar. Il ne dit rien, il gémit. Tout à coup, il pousse une sorte de cri étouffé et aigu, et mon ventre se noue.

Qui entre la nuit dans la tête de Reza ? Quelle peur ? Quelle frontière à passer encore et encore ? Quel chagrin d'avoir perdu tout ce qui comptait ?

Finalement, l'odyssée de Reza n'est peut-être pas finie.

LA GRENADE

29 avril

Reza doit envoyer une photocopie de sa carte de séjour pour compléter sa demande de « prime d'activité ». Après avoir écrit sur l'enveloppe l'adresse de la CAF, je dis « *hop !* ».

« *Hop* ? C'est dire quoi ? » demande Reza. « *Hop*, c'est tout simple… *Hop*, c'est quand tu as fait quelque chose et que tu es content de l'avoir fait, alors tu dis "*Hop !*" Par exemple : "*J'ai préparé la tarte aux pommes. Hop ! Je n'ai plus qu'à la mettre au four !*" Ou alors si tu as réussi à sauter par-dessus une barrière, tu dis "*Hop !*" Ou alors c'est pour se donner de l'entrain… Si tu as la flemme d'aller faire ton jogging, et que finalement tu arrives à te motiver, tu dis "*Hop ! C'est parti !*" » Reza me regarde avec de grands yeux perdus :

— C'est un *hop* ou une *hop* ?

— Ni l'un ni l'autre. C'est juste *hop !* C'est comme *glouglou… aïe… plouf… crac… boum ! Hop*, c'est un mot qui imite le bruit de quelque chose.

— *Crac boum* ?

— Écoute, *hop*, c'est un petit mot qui veut tout et rien dire. On peut le mettre un peu partout.

— On dit « *Hop*, comment allez-vous ? »

— Non. Là, ça ne marche pas. En fait, on ne peut pas le mettre n'importe où.

— Vous montre moi photo de *hop* sur Google.

— Daniel, je ne peux pas te montrer la photo d'un *hop* ! Ça n'existe pas, un *hop* !

— Pas existe le *hop* ? Tout quelque chose existe !

— Oui, tout existe, mais le *hop*, ça ne se prend pas en photo ! C'est pas une chose, c'est pas un objet, c'est même pas un verbe !

— Alors vous explique moi quoi c'est *hop*.

— Bon. *Hop*, ça va vers le haut. *Hop !* c'est comme de sauter par-dessus un objet ou par-dessus quelque chose qu'on doit faire. « *Hop !* j'ai fini mon travail ! »

— Quelle couleur *hop* ?

— Non Daniel. *Hop* n'a pas de couleur. *Hop*, c'est une interjection.

— Interjection ?

— Une interjection, c'est… Comment t'expliquer… C'est un mot qu'on rajoute, sans réfléchir, quand on parle, et qui exprime une émotion… Par exemple *ouf!* ça veut dire qu'on se sent soulagé. « *Ouf!* J'ai eu peur mais je me sens mieux ! »

— Et *hop* ?

— Et *hop*… ça veut dire qu'on exprime quelque chose de soudain… « *Hop !* Il est parti en courant ! »

— Qui ?

— Mais personne, Daniel ! Je n'arrive pas à t'expliquer le mot *hop*. *Hop,* c'est très compliqué.

— Vous dire que *hop,* c'est très simple.

— Je me suis trompée… *Hop*, c'est très compliqué.

— Vous encore explique moi *hop*.

Reza est tellement têtu. Prodigieusement têtu. Peut-être même plus têtu que moi. Parfois j'ai l'impression qu'un dieu cruel s'est arrangé pour que les deux personnes les plus têtues au monde partagent le même appartement.

30 avril

Pendant que Marius et Noé font de la trottinette au bord de la Seine, Reza et moi jouons au badminton. La technique de Reza consiste à dessiner dans l'air, avec le volant, une haute voûte majestueuse. Et la mienne, à défoncer le volant d'un violent coup de raquette, pour qu'il se précipite sur le nez de mon adversaire. Un homme sur un banc observe notre partie, les bras croisés, les chaussures défoncées, deux sacs Lidl usés, pleins à craquer, posés à côté de lui. À ses pieds, un chien prend le soleil. Je me demande ce que Reza pense quand il voit un sans-abri. Est-ce qu'il a peur de se retrouver à nouveau, un jour, sous un pont ? Il paraît que plus de la moitié des Français imaginent qu'ils pourraient un jour devenir SDF. Soudain le chien se met à courir vers nous, bondit et attrape dans sa gueule le volant de badminton. Reza me crie quelque chose dans sa langue. Puis me dit, tout étonné : « Vous entends ! Je parle dari à vous ! » Quand il prononce le mot « dari », il le savoure. Si j'étais seule au bout du monde, si j'avais tout perdu et qu'il ne me restait que le nom de ma langue, je suis sûre que je murmurerais

« français, français, français », comme le prénom du grand amour de ma vie.

Tout en renvoyant le volant, Reza me raconte qu'il avait un chien, quand il était petit. Un jour, ce chien qui n'arrêtait pas de gratter la terre a déterré une grenade. Reza avait cinq ans. Il savait ce qu'était la guerre, mais une grenade, il n'en avait encore jamais vu. Pendant des semaines, il n'a plus quitté sa grenade qui est devenue son jouet préféré. Un jour, il a fièrement montré son trésor à un oncle qui lui a arraché la grenade des mains. L'oncle a donné une grande gifle à Reza et jeté la grenade à la poubelle. Reza me dit d'un ton indigné : « Oncle fou ! Pas bien, grenade dans poubelle ! Jamais vous pose grenade dans poubelle ! »

Je tiens ma raquette de badminton à la main et je me dis que je n'ai jamais réfléchi à cette question : Où jeter une grenade de guerre ?

Pas à la poubelle. Maintenant je saurai.

6 mai

En sortant du Jardin des Plantes, Reza et moi croisons un groupe de trois hommes, une femme et un bébé, assis sur le trottoir.

« Je crois que nous pas aide ces gens », me dit Reza.

Je ne sais pas exactement ce qu'il veut dire. Que lui et moi ne faisons rien pour aider ces cinq personnes à s'en sortir ? Que nous tous, qui marchons vite dans la ville, absorbés par nos pensées, sommes indifférents au sort des dizaines de milliers de personnes qui vivent dans la rue et dans les centres d'hébergement ? Ou bien que le gouvernement ne prend aucune mesure pour aider ceux qui vivent à hauteur d'égouts, comme des rats ?

En tout cas, il a dit « nous ». Dans le perpétuel *nous* et *eux* de la vie sociale – les puissants et les faibles, les inclus et les exclus, ceux qui partagent un même mode de vie et les autres –, Reza nous range, lui et moi, dans le même *nous*. Parce que nous avons un travail et un toit. Et *eux* non. Reza me demande si ces gens sont roumains. Je lui réponds que je pense que ce sont des Roms venus de Roumanie, mais que je n'en suis pas sûre. Reza me demande s'ils ont droit au RSA. C'est incroyable, je ne me suis jamais posé cette question. Je croise tous les jours des Roms sur les trottoirs de Paris et dans les couloirs du métro, sans me soucier de savoir s'ils peuvent recevoir de l'argent de la part de l'État français. Je réponds à Reza que si ces personnes sont roumaines, elles font partie de la Communauté économique européenne et peuvent donc chercher du travail en France, s'inscrire à Pôle emploi et demander le RSA. Juridiquement, je ne vois pas ce qui les en empêcherait. Dans les faits, je ne sais pas si ce droit leur est accordé.

Nous marchons vers une salle de sport que j'ai repérée sur Internet. Depuis des semaines, je cherche la salle idéale pour Reza, qui n'arrive pas à se décider. C'est devenu une plaisanterie entre nous : soit la salle est trop chère ; soit elle est trop loin ; soit elle est trop petite ; soit les gens de l'accueil n'ont pas l'air sympathique. Ma théorie secrète est que Reza n'a aucune envie de faire du sport. Reza s'arrête pour me montrer un balcon en fer forgé, fait de volutes et de branchages, au cinquième étage d'un immeuble. « Regardez, Émilie… C'est beau ! » Tête en l'air, nous admirons le balcon qui court le long de la façade. Reza m'offre ma ville. Je pense à l'écrivain Victor Serge et à ses lignes magnifiques : « Tu es devant un paysage, il y a quelqu'un près de toi, tu tends la main ; tu dis *vois*, car tu voudrais donner ce que tu vois, et c'est le commencement de tout.[1] »

1. Victor Serge, *S'il est minuit dans le siècle,* Éditions Grasset & Fasquelle, 1939.

MARK ZUCKERBERG, MON AMOUR

7 mai

Au rayon frais, chez Carrefour, une vieille dame me dévisage avec un drôle d'air. Elle hausse les épaules et s'éloigne en traînant son Caddie écossais.

Je ne veux pas être paranoïaque, mais la caissière me sourit bizarrement.

Dans la rue, les gens se comportent aussi d'une façon étonnante. Leurs regards s'accrochent à moi. J'ai l'impression d'être fluorescente. On dirait un rêve : tout semble à la fois familier et anormal.

Mon sac de courses sur l'épaule, je m'arrête devant la vitrine d'une maison d'édition. Parmi les livres exposés, il y a celui qui a donné son nom à la maison : *Le Bruit du temps*, d'Ossip Mandelstam. Dans ce recueil de textes autobiographiques, le poète écrit : « Que voulait dire ma famille ? Je ne sais. Elle était bègue de naissance et cependant, elle avait quelque chose à dire. Sur moi et sur beaucoup de nos contemporains pèse le bégaiement de la naissance. Nous avons appris non à parler, mais à balbutier et ce n'est qu'en prêtant l'oreille au bruit croissant du siècle et une fois blanchis par l'écume de sa crête que nous avons acquis une langue.[1] » À chaque fois que je lis ces mots – « nous avons appris à balbutier » –, mon corps n'est plus qu'une larme. Une larme qui tient bon, qui s'accroche à un œil immense, mais que le moindre souffle menace de faire tomber. Je pense à ce bégaiement. À la naissance butée des mots. À Reza, l'Éblouissant Balbutiant.

Et tout à coup je vois mon reflet dans la vitrine de la maison d'édition : j'ai un bout de concombre collé au milieu du front.

8 mai

Reza ouvre la porte de sa chambre et s'écrie : « Danger ! Très danger ! » Il vient de regarder un reportage sur les cotons-tiges.

Fabrice lui dit qu'il faut effectivement éviter d'enfoncer trop loin le bâtonnet dans l'oreille, mais qu'en faisant attention, on ne risque pas de se blesser.

« Ils disent c'est danger ! Je crois il faut poubelle salle de bains tous cotons-tiges », propose Reza, qui semble vraiment très inquiet et ne comprend pas notre désinvolture. Quand je pense à ce qu'il a surmonté, quand je l'imagine cramponné à l'essieu d'un camion qui file à 100 kilomètres à l'heure sur l'autoroute pour traverser l'Europe, j'ai du mal à comprendre la peur que

1. Ossip Mandelstam, *Le Bruit du temps*, traduction Édith Scherrer, Éditions Christian Bourgois, 2006.

lui inspire le petit bâton ouaté. Une peur qui doit être l'enfant d'autres peurs bien vivantes et despotiques.

*

Pour Reza, l'ordinateur est un objet vital qui lui permet de se tenir au courant de la situation en Afghanistan, de contacter des gens par Skype, de regarder des émissions en farsi, des vidéos sur YouTube, des séries qui le secouent d'un rire fracassant, comme un enfant de quatre ans devant un film de Buster Keaton. Quand Reza est arrivé à la maison, j'ai posté un message sur Facebook, demandant à mes *amis* s'ils n'auraient pas un ordinateur portable à offrir à notre hôte. Douze personnes m'ont proposé dans l'heure un ordinateur en parfait état de marche. Cet élan de générosité a donné une idée à Noé :

— On n'a qu'à prendre les douze ordis et les revendre ! Comme ça on gagne plein d'argent.

— Mais Noé ! C'est hypermalhonnête de faire ça !

— Bah non ! Ça dépend ce qu'on fait avec l'argent !

Je n'ai pas suivi le conseil de Noé, mais j'ai longtemps repensé à ces douze ordinateurs. Aux douze personnes qui étaient prêtes à offrir à Reza un objet de valeur. À cet homme venu d'Alsace, que je n'avais jamais vu de ma vie, qui arborait une spectaculaire et désuète moustache en guidon, et qui a déposé à la maison un PC portable flambant neuf.

Ce jour-là, j'ai béni Mark Zuckerberg.

Et j'ai pensé que Facebook n'était pas qu'un miroir dégoûtant.

ON VA PAS EN PRISON POUR ÇA

12 mai

Alors que nous partions tous les cinq en balade dans le quartier, Reza en tête, nous avons croisé Catherine et Olivier, nos voisins du deuxième. Ils venaient de sortir de chez eux pour laisser tranquilles leur fils de quinze ans et sa petite amie. C'était la première fois que les deux amoureux passaient un moment seuls dans l'appartement. Voyant mon air railleur, Olivier a tenu à mettre les choses au clair : « Ils sont sages ! » Je n'ai pas pu m'empêcher de rire. Olivier s'est insurgé : « Qu'est-ce que c'est que ce rire terrifiant ? »

Ce matin, Reza m'a posé des questions sur ces voisins qui attendaient dans la rue, un peu fébriles et désœuvrés, que leur fils ait fini d'embrasser sa petite amie. Quel écho a cette histoire dans la vie de Reza ? A-t-il déjà connu ce genre d'amour ? Malgré le froid et la peur, est-il déjà tombé amoureux ? Est-ce qu'on a la tête à ça quand on fuit la guerre et qu'on se cache ? Reza m'a longuement parlé de l'actrice iranienne Golshifteh Farahani. Il avait cet air exalté et naïf des grands amoureux.

10 mai

Sous le regard impressionné de Marius et Noé, Reza fabrique un avion de chasse au long nez d'espadon en utilisant minutieusement chaque partie d'un paquet de cigarettes.

— C'est en Norvège que t'as appris à faire ça ? demande Marius.

— Non.

— En Afghanistan ?

— Non.

— En Iran ?

— Non.

— En Turquie ?

— Non.

— En Grèce ?

— Oui !

Marius connaît par cœur chaque étape du périple de Reza, qui nous raconte que c'est en prison qu'un homme lui a montré comment réaliser un avion avec un simple paquet de cigarettes.

— En prison ? Mais qu'est-ce que t'as fait ? Pourquoi t'es allé en prison ?

Je connais si bien les variations de la voix de Marius que je décèle les émotions qui se cachent dans ses derniers mots : la stupeur et la déception. Je peux même lire dans ses pensées : « Tu es allé en prison, donc tu as fait quelque chose de très grave. Et nous, on te faisait confiance. »

Reza explique à Marius que c'est parce qu'il n'avait pas de papiers l'autorisant à séjourner en Grèce qu'il a passé vingt et un jours en prison. « Mais c'est pas possible ! s'écrie Marius. On va pas en prison pour ça ! Hein, maman, qu'on va pas en prison juste parce qu'on n'a pas de papiers ? »

Je raconte à Marius que quand j'étais visiteuse de prison, il m'arrivait de rencontrer des hommes sans-papiers qui n'étaient derrière les barreaux que pour avoir refusé de quitter le territoire français. Marius se met en colère. « Mais c'est pas juste ! On va pas en prison pour ça ! Et toi, tu disais rien, maman ? »

Noé a rejoint Marius et Reza sur le canapé. D'une voix douce et rassurante, Reza explique aux enfants que les choses se sont arrangées pour lui. Il a des papiers qui lui donnent le droit de vivre en France. Il peut même voyager. Il montre aux garçons sa carte de séjour et son *titre de voyage*. Marius parle à Reza de sa bande dessinée consacrée à l'histoire d'un jeune Syrien réfugié en France[1].

— Daniel, tu connais le mot « dictateur » ?

— Oui, je connais…

— Et Bachar el-Assad, tu le connais ?

— Oui…

— En France, tu crois qu'on pourrait avoir un dictateur ?

— France, pas possible.

— Si Daniel, c'est possible ! Il y a trois jours, tu sais, on a élu le président de la République…

— Emmanuel Macron.

— Oui, on a élu Macron. Mais si Marine Le Pen avait gagné, ça serait la dictature.

1. Kyungeun Park et Nicolas Hénin, *Haytham, une jeunesse syrienne*, Dargaud, 2016.

— Marine Le Pen, c'est dictateur ?

— Non, mais elle serait un bon dictateur ! Déjà, elle est raciste. C'est très important d'être raciste, pour être dictateur.

— Marine Le Pen pas aime migrants ?

— Non… Désolé, Daniel, mais Marine Le Pen, elle aime pas les étrangers. Si elle était au pouvoir, elle te renverrait dans ton pays. Même si c'est la guerre. Elle s'en fiche.

— Pourquoi Marine Le Pen pas aime migrants ?

— Je sais pas, Daniel. Mais t'inquiète pas, on n'a pas voté pour elle. Tu peux rester toute ta vie, y a pas de problème.

PRENDRE LANGUE

11 mai

J'accompagne Reza dans un local associatif où des bénévoles donnent des cours de français à des migrants. Parmi les élèves se trouve un Irakien de dix-neuf ans. Il est arrivé deux jours plus tôt en France et le voilà plongé dans une langue inconnue. Il ne sait pas encore dire *bonjour*. Il ne sait pas dire *oui* ; il ne sait pas dire *non*. Je crois que je n'ai jamais vu un garçon aussi beau de ma vie. Un visage si poétiquement sculpté. Ce regard d'un calme et d'une tendresse ! Et ce port de tête irréel, flottant ! Il est habillé en noir et porte une longue écharpe froissée. On dirait qu'il vient de défiler pour la collection automne-hiver d'Yves Saint-Laurent. Ce jeune Irakien ne peut pas être intégré à l'un des groupes de travail existants ; il aura ce soir une prof particulière qui semble aussi déconcertée que moi par la beauté de ce Jésus réincarné.

Deux élèves, très à l'aise et volubiles, me serrent la main. Un ami écrivain qui fait partie des enseignants me dit en aparté qu'ils sont originaires de la région de Kaboul et parlent dari. Je me réjouis pour Reza qui va pouvoir parler sa langue natale avec des compatriotes.

Au même instant, l'un des Afghans demande à Reza d'où il vient. À ma stupéfaction, Reza répond : « D'Asie. » Puis son visage se ferme en une expression glaciale et concentrée. Il n'adressera pas la parole aux deux Afghans, ni pendant ni à l'issue du cours.

Sur le chemin du retour, je n'ose pas poser de questions. Une gêne alourdit nos gestes. Reza évite mon regard. Les stations de métro se succèdent : Guy Môquet, Place de Clichy, La Fourche, Liège… Reza rompt enfin le silence et me dit, avec ses mots heurtés et hésitants, qu'il ne connaît pas ces gens. Il ne sait pas de quels villages ils viennent en Afghanistan. Il faut toujours faire attention. Il peut se passer des choses ici ou là-bas. Il y a des familles qui s'affrontent, il y a des clans. C'est la guerre…

17 mai

Je suis plongée dans l'écriture de mon roman, *L'Enlèvement des Sabines*. Reza m'apporte une tasse de thé, comme il le fait toujours quand je travaille et que nous sommes seuls dans l'appartement. Il s'assied à côté de moi. Je l'entends boire son thé. Je sens qu'il a envie de parler. Mais parfois, quand on écrit, on ne peut pas s'en échapper. Le corps est pris dans le fleuve de l'écriture, on se laisse emporter, on appartient à un rêve à qui on doit la vie. *S'il te plaît, Daniel, pas maintenant, je t'en prie, on parlera plus tard…* Je ne le lui dis pas, mais je le pense très fort. Sa voix tombe comme un objet lourd sur la table : « Émilie, je pas pouvoir apprends français. »

Son ton est désolé et je comprends que l'obstacle est insurmontable. Apprendre le français, ce n'est pas seulement apprendre des mots inconnus et une façon mystérieuse de les ordonner. Apprendre le français, c'est faire table rase. C'est l'ultime effort de renaissance après avoir dépensé toutes ses forces pour survivre à la guerre, à une décennie d'exode, au malheur sans fond d'avoir perdu toute trace de sa famille. Reza a appris en Norvège une langue qui portait l'espérance d'une vie nouvelle dans la moelle même de sa grammaire. Son esprit s'est offert à cette langue : grand ouvert, adroit, rapide. Il a appris à la parler *couramment*, comme on dit. C'est-à-dire de façon fluide, confiante et personnelle. Mais un jour la demande d'asile de Reza a été refusée par l'État norvégien et la langue a pris feu. C'était comme si la maison de Reza prenait feu : il a dû la quitter de toute urgence, sans se retourner. Tout a brûlé. La promesse a brûlé. Reza a dû fuir. À nouveau fuir et se cacher. Il est arrivé en France où tout était à refaire. À réapprendre. Seulement quelque chose en lui rejetait à coups de poing et à coups de pied cette musique nouvelle et étrange qu'on appelle le français. Impossible de retenir les mots. Impossible même de les entendre. Reza boit une gorgée de thé et me dit que quand il est arrivé à Paris, il a pris des cours de français dans une association, trois fois par semaine. Au bout de six mois, quand il écoutait des gens parler dans la rue, il ne savait pas si c'était du français ou de l'anglais. Il ne reconnaissait même pas la langue. Comment vivre avec une langue qu'on ne voit pas ? Une langue qui ne nous voit pas.

Le Prince à la petite tasse

J'ai mis mon roman de côté, le temps d'écrire un poème.

Il veut connaître la langue
Qui n'entre pas dans sa bouche
Comment faire, dit celui qui vient de loin
Comment prendre langue ?
Vos paroles ne me disent rien
Tout s'oublie à mesure que vos sons sonnent
Plus je nage vers la langue
Plus la langue s'éloigne
Combien de fois faut-il échouer
Sur les lèvres d'Europe ?

ATHÉNA, LA DÉESSE AUX YEUX DE VACHE

18 mai

Reza rentre du travail et m'offre des fleurs qu'il a cueillies dans une plate-bande municipale. Je n'ai pas le cœur à lui dire qu'il ne faut pas voler les fleurs publiques. Qu'elles sont à tout le monde. Et qu'elles ne sont plus à personne quand on coupe leurs tiges : elles en meurent.

Nous dînons tous les cinq, l'ambiance est joyeuse. Reza a acheté du Fanta et de la mayonnaise en tube *goût barbecue*. Marius et Noé sont ravis : ils remplissent à ras bord des verres de liquide orange et ensevelissent leurs haricots verts sous une épaisse couche de mayonnaise rose. Ils n'ont jamais goûté à ces délices de l'industrie agroalimentaire. (Tout ça, c'est la faute de leurs parents qui les nourrissent de quinoa bio, de pâtes à la spiruline et de lait d'épeautre.)

Noé me demande pourquoi j'ai passé la journée au Centre national du Livre. Je lui explique que je fais partie d'une commission qui soutient des festivals littéraires et des auteurs, en leur donnant de l'argent.

— Vous leur donnez combien ? demande Noé.

— Des centaines de milliers d'euros.

— Mais c'est beaucoup trop ! On n'aura plus d'argent !

Du haut de ses dix ans, Marius explique à son frère que ce n'est pas *notre* argent, mais de l'argent *public*. Puis il juge bon de préciser que « c'est quand même un peu notre argent vu qu'on paie des impôts ». Noé lui rétorque qu'ils ne paient d'impôts ni l'un ni l'autre, « alors Marius, arrête de dire n'importe quoi ! »

— Noé, je parle de l'argent de notre famille ! Évidemment qu'on gagne pas d'argent, nous ! On est des enfants !

— Et alors ? Y a des pays où les enfants travaillent !

— Ah oui et où ?

— En Inde !

— D'accord mais je vois pas le rapport.

— Le rapport c'est que c'est moi qui a raison !

— On dit c'est moi qui *ai* raison.

— On peut dire les deux !

— Non, on peut pas.

— Si puisque je l'ai dit !

— C'est pas parce que tu l'as dit que ça se dit en français.

— Ça se dit en français puisque je l'ai dit en français !

Reza réussit miraculeusement à se faufiler au milieu de la joute pour prendre la parole. Il nous apprend que le français est parlé dans plus de cinquante pays. Nous essayons d'en dresser la liste : Belgique… Suisse… Luxembourg… Canada… Québec… Maroc… Algérie… Sénégal… Burkina Faso… Bénin… République démocratique du Congo… Niger… Côte d'Ivoire… Djibouti… Madagascar… île Maurice…

— En gros, c'est des pays qu'on a envahis pour leur voler leurs richesses, dit Marius.

— On a oublié Antibes ! déclare triomphalement Noé.
— C'est pas un pays ! soupire son frère.

Nous proposons à Reza de passer des vacances à Antibes cet été, chez mes parents. Noé lui raconte que nous attrapons des crabes et que nous connaissons une plage secrète. Marius explique que cette plage n'est pas véritablement *secrète*. Personne ne s'y baigne car il faut, pour s'y rendre, mourir de chaud trente minutes sur un chemin qui zigzague dans les rochers. Nous décrivons à Reza le fantastique jardin de ma mère, au cœur du vieil Antibes : les bambous, le jasmin, les rosiers, le bougainvillier, les bananiers, les orangers, les citronniers, les kumquats, les grenadiers, les géantes feuilles d'acanthe, et le patriarche du jardin d'Éden : un micocoulier âgé de deux cents ans. « Daniel, je sais pas si t'aimes les moustiques, dit Noé, mais à Antibes, il y en a des millions ! On a même un grille-pain géant dans le jardin pour les tuer ! Tu vas voir, c'est horrible ! »

Un merveilleux sourire aux lèvres, Reza annonce qu'il demandera dès demain à la responsable de son équipe s'il peut prendre dix jours de vacances au mois de juillet. Pour que la soirée se prolonge, nous commençons une partie de cartes. Marius et Noé expliquent les règles à Reza. Ils appellent ce jeu « Le Président » – on l'appelait « Le Paquet de merde » quand j'étais petite. La chance n'est pas du côté de Noé qui se retrouve dernier à chaque tour. D'habitude, il fond en larmes dès qu'il perd. Ce soir, en l'honneur de Reza, je vois qu'il déploie toute sa concentration pour ne pas craquer. Son petit menton tremble et tient bon.

21 mai

La propriétaire doit venir inspecter l'état de nos balcons, en compagnie d'un architecte. Au téléphone, elle m'indique qu'elle s'inquiète surtout pour le balcon de la chambre du milieu (celle de Reza). Avant leur arrivée, j'explique à Reza, avec toute la délicatesse possible, que la propriétaire de notre appartement ne sait pas qu'un jeune afghan vit chez nous et que nous avons signé un contrat avec le Samu social nous engageant à l'héberger pendant un an. Je lui dis que les gens, parfois, se montrent un peu méfiants à l'égard des migrants et des réfugiés, et que j'ai donc préféré ne pas parler de notre situation à la propriétaire. Quand elle arrivera, je lui présenterai Reza comme un « ami afghan ». Elle devra traverser sa chambre pour accéder au balcon. Elle ne restera pas longtemps : cinq minutes tout au plus. Reza m'écoute avec attention et une sorte de nervosité.

Un quart d'heure plus tard, la propriétaire et l'architecte sonnent à la porte. Je m'apprête à leur présenter Reza, mais je ne le vois plus. Il n'est pas dans l'entrée, pas dans la cuisine, pas dans le salon. Il n'y a personne aux toilettes non plus. Je frappe à la porte de sa chambre ; pas de réponse. Reza a disparu. Il a dû quitter l'appartement sans que je l'entende, juste avant l'arrivée de nos visiteurs. Il s'y connaît en déplacements furtifs. La propriétaire passe devant moi, traverse la chambre de Reza, ouvre la porte-fenêtre, monte sur le balcon et pousse un cri. Je me précipite.

— Annette, je vous présente Reza ! Un ami afghan qui passe quelque temps chez nous !

Ils se serrent la main. Reza semble affolé. Comme j'avais évoqué le balcon de sa chambre, il a cru que je lui demandais de s'y cacher, le temps de mon rendez-vous avec la propriétaire. Il s'est si souvent caché depuis dix ans qu'il n'a pas trouvé ma proposition aberrante ou inadmissible. Quant à moi, j'ai honte qu'il ait cru que je voulais qu'il se cache. Dans le lieu même où il devrait se sentir à l'abri de tout. Honte qu'il se cache *chez lui*.

22 mai

Il y a trois jours, Noé a rapporté de l'école un plant de tomates aux feuilles rares et fripées. La pauvre plante vit dans un gobelet en plastique rempli de miettes de terre desséchée. Noé m'a dit qu'il fallait la rempoter. Seulement je n'ai ni terre ni pot de fleur. Noé semblait très inquiet : « Maman, elle va mourir si on ne fait rien ! »

Ce soir j'ai vu Reza verser de l'eau au pied du plant de tomates et lui dire quelques mots en dari.

23 mai

Fabrice a préparé un rôti de bœuf. Reza n'a jamais vu une chose pareille. Il observe le couteau découper de larges tranches saignantes. Je surprends sur son visage une grimace écœurée. Il met un morceau rouge dans sa bouche et le mâche longtemps. Je vois les muscles remuer nerveusement sous sa peau, à l'endroit des maxillaires. Je lui dis qu'il n'est absolument pas obligé de dévorer cette vache innocente. S'il préfère des galettes de céréales aux légumes, j'en ai préparé suffisamment pour deux. Il accepte ma proposition. Je lui explique que dès que je vois un rôti de bœuf dans un plat, une vache m'apparaît. Une vache vivante, debout sur la table, puissante, avec son regard d'infinie mélancolie, qui devine le sort que les hommes lui réservent, à elle, à ses veaux, et à leur descendance damnée. Homère savait si bien la beauté de ce regard qu'il prête l'épithète *boôpis* (« aux yeux de vache ») aux déesses Héra et Athéna.

ASTÉRIX À MASSADA

24 mai

La responsable d'équipe de Reza lui a annoncé qu'il ne travaillerait pas demain.

— Émilie, pourquoi ?

— Parce que c'est l'Ascension. C'est un jour férié... On ne travaille pas ce jour-là.

— Ascension, c'est quoi ?

— C'est une fête religieuse. Pour les chrétiens, c'est le moment où Jésus monte au ciel après avoir été avec ses disciples, sur Terre, une dernière fois.

— Encore ! s'exclame Reza. L'autre jour, Jésus déjà monte au ciel ! Et déjà je pas travaille !

— L'autre jour, Jésus est *ressuscité*. C'était Pâques.

— Ressuscité, c'est : tu mort, et après, fini mort.

— Oui, c'est ça.

— *Hop,* ressuscité !

— Exactement ! *Hop !*

— Émilie... Vous crois Jésus ressuscité ?

— Je ne sais pas répondre à cette question, Daniel. Moi, je crois que j'aime que les gens se réunissent pour lire un très vieux texte. Et j'aime que ce texte se transmette de corps en corps, le plus longtemps possible.

— Vous pas croire Jésus ressuscite ?
— Et toi Daniel, qu'est-ce que tu crois ?
— Moi je crois Bible.

Reza estime que si on ne travaille ni le jour de Noël, ni celui de Pâques, ni celui de l'Ascension, c'est bien la preuve que la religion est très importante dans la société française, sans quoi les entreprises n'accepteraient pas de payer tous ces jours chômés à leurs employés. Je lui dis que je comprends son raisonnement, mais qu'en réalité, les Français sont peu religieux, et que si on arrêtait dix personnes dans la rue pour leur demander ce qu'est l'Ascension, je ne suis pas sûre que quelqu'un saurait nous répondre. Reza me regarde d'un air sceptique. Et après un moment de réflexion :

— Vous venir avec moi ? On demande gens dans rue maintenant !

Je dois me rendre à l'évidence : j'ai trouvé plus têtu que moi.

9 juin

J'ai passé une semaine en Israël avec Marius. Reza nous pose mille questions sur notre voyage et passe ses doigts dans les cristaux de sel que nous avons ramassés au bord de la mer Morte. Marius raconte sa baignade.

— Daniel, tu peux pas imaginer ! L'eau est tellement salée que si tu mets une seule goutte dans ton œil, t'as envie de t'arracher l'œil ! C'est génial ! Et tu flottes tellement que t'arrives pas à garder ton corps sous l'eau… La mer te fait sortir de l'eau !

— Ta maman fait sortir toi de l'eau ?
— Non ! Pas ma mère ! La mer Morte !

Je montre à Reza les photos du site archéologique de Massada. Marius se lance dans un récit épique de son siège : « Tu vois, Daniel, c'est une ville fortifiée, sur un plateau… Et tout autour de Massada, il y a le désert de Judée et la mer Morte… C'est hyperbeau ! Tu dois vraiment y aller un jour ! Tu peux y aller, vu que t'as un passeport ! Donc tu vois, les Juifs ont tout ce qu'il faut pour vivre là-haut… Des maisons et des palais… Des réserves de nourriture et une citerne d'eau creusée dans la falaise… On est même allés dans la citerne, avec maman… Tu peux pas imaginer comme c'est immense ! Massada, c'est un bon endroit pour se défendre… On voit les Romains arriver de loin… Un jour, les Romains décident d'attaquer Massada… Ils installent des camps, comme dans *Astérix*, partout autour de Massada. Et pour monter jusqu'à la forteresse, ils fabriquent une rampe de cent mètres de haut avec des millions de pierres entassées, des troncs d'arbre et de la terre battue ! Le problème c'est que les Romains étaient presque dix mille alors que les Juifs étaient même pas mille… Donc déjà, tu vois, c'est pas juste ! Quand les Romains sont arrivés, ils ont défoncé la muraille avec un bélier… Et le bélier, ils l'ont posé sur une tour roulante, comme dans *Astérix* ! Sauf que dans *Astérix*, c'est toujours les Romains qui perdent… Alors que là, quand les Romains sont entrés dans Massada, tout le monde était mort ! Les Juifs s'étaient tous suicidés ! Ils se sont entretués pour pas être pris par les Romains ! S'il y avait un *Astérix à Massada*, ça se serait pas passé comme ça ! Les Juifs auraient bu la potion magique du druide Panoramix, et ils auraient écrabouillé les Romains ! »

Marius et Noé défilent dans l'appartement au pas militaire, avec une kippa sur la tête et des bracelets décorés d'étoiles de David, brandissant une corne de bélier et un drapeau d'Israël que Marius m'a supplié de lui acheter à Jérusalem.

Reza me demande si les Juifs lisent vraiment la Torah en marchant, en Israël. Alors je lui décris une scène qui m'a fascinée. Dans le bus entre Tel-Aviv et Jérusalem, faute de place, trois adolescentes se sont assises au milieu du couloir. Deux d'entre elles étaient plongées dans leur Torah, d'un très petit format. Elles lisaient avec ferveur, leurs lèvres remuaient et murmuraient, leurs bustes étaient emportés d'avant en arrière par la houle de leur lecture. Elles étaient belles et pleines de ce mélange, si courant à l'adolescence, de naturel et de préciosité. Elles n'arrêtaient pas de se lisser des mèches de cheveux et de les glisser derrière leurs oreilles. Celle qui n'avait pas de Torah a fait signe à une autre : c'était à elle de lire. Son amie a fait une grimace et a déployé les doigts d'une main, pour dire : « Laisse-la-moi encore cinq minutes, s'il te plaît ! » L'amie privée de Torah lui a répondu quelques mots furieux en hébreu. « Deux minutes ! » a demandé l'autre en montrant deux doigts. La première a haussé le ton et tendu la main pour recevoir ce qui lui était dû. On aurait dit deux ados qui se disputaient une console de jeux vidéo.

Astérix à Massada

En arrivant à Jérusalem, j'ai écrit :

Trois jeunes filles
D'amitié
Accroupies
Bus bondé
Se recoiffent
Savent leur beauté
Lisent la Torah
L'envoûtement de joie

MILLE MONDES

11 juin

Sur le rebord de la fenêtre de la cuisine, j'aperçois le plant de tomates de Noé. Reza a dû ramasser de la terre dans un parc, la tasser dans le pot de fer qui prenait la poussière au-dessus du frigo, et il a rempoté le plant de tomates. Il a même attaché la tige à une baguette chinoise, pour qu'elle lui serve de tuteur. Elle est si belle, cette façon silencieuse de veiller aux petites choses qui comptent. Précis et tissés de poésie, les gestes de Reza sont le nid de l'avenir.

Quand j'étais visiteuse de prison, j'ai rencontré un jeune homme qui avait arraché une mauvaise herbe, pâle et rabougrie, entre deux dalles de l'étroite cour de promenade. En grattant le bord des dalles, il avait réussi à récupérer une poignée de terre. De retour dans sa cellule, il avait versé la terre dans un verre et y avait planté la mauvaise herbe. Puis il l'avait déposée entre deux barreaux de sa fenêtre, pour qu'elle reçoive la lumière du jour. Tous les matins, son premier geste était d'arroser la plante. Et la plante grandissait. Et la plante verdissait. Et le jeune homme lui parlait : « Tiens bon. Je suis là. » Chaque semaine, au parloir, je lui demandais comment allait « La Mauvaise » ; c'était le nom qu'on avait donné à la belle adoptée.

12 juin

Reza est arrivé à la maison avec un superbe bouquet qui, cette fois, venait de chez le fleuriste.

— Émilie, fleurs pour vous !

J'ai beau dire à Reza qu'il peut me tutoyer, Reza n'en démord pas : le plus souvent, il me vouvoie. En dari aussi, on vouvoie et on tutoie. On vouvoie les grands-parents, les oncles et tantes, et parfois les parents. Alors pour une fois qu'une règle de la langue française lui est familière, Reza ne veut pas la bafouer.

Après son travail, il s'est promené dans Paris. De la gare du Nord au Sacré-Cœur. De l'Opéra Garnier à la tour Eiffel. Du cimetière du Montparnasse au Jardin du Luxembourg. Du Jardin des Plantes à la Bibliothèque nationale de France. Trois heures sans jamais s'asseoir sur un banc. Reza me dit qu'il aime être seul et qu'il ne sait pas pourquoi. Alors je pense au fait qu'il n'est jamais tout à fait seul et tranquille à la maison. Il y a notre présence et nos voix. Et tous les efforts, toute l'imagination de Reza pour se faire petit. Accueillir quelqu'un est un voyage joyeux. Être accueilli est une aventure sans repos.

Comment accueillir quelqu'un chez soi ?

Comment faire pour que Reza se sente chez lui ? Comment lui dire, mais *sans le lui dire*, qu'il est libre de chanter sous la douche. Libre de faire la gueule quand il est de mauvaise humeur. Libre d'être bordélique, égoïste et malpoli, comme nous le sommes tous, parfois.

Pour accueillir quelqu'un, il faudrait faire comme Reza : se faire petit. Ne pas accueillir de façon trop fracassante. Ne pas écraser l'hôte sous les cris de bienvenue. Lui laisser prendre sa place, en se déplaçant soi-même un peu, souplement, comme deux danseurs qui dansent ensemble pour la première fois.

13 juin

J'ai retiré tous les livres des bibliothèques de l'appartement. Ils sont mille, rangés en piles, par ordre alphabétique. Deux piles de A. Deux piles de B. Trois piles de C. Et ainsi de suite. Une ville de hautes tours, qui toutes défendent une lettre. Reza s'assied par terre, en tailleur, dans ce champ de livres. Même s'il ne peut pas encore les lire, il est au milieu d'eux, au plus près.

Il me demande si je les ai tous lus.

— Je crois que oui. Presque tous. Mais celui-là, le gros en deux volumes, *Don Quichotte*, je n'ai jamais réussi à le finir.

— Et lui ?

— *Au-dessous du volcan* de Malcolm Lowry ? C'est mon préféré !

Reza me dit qu'il n'arrive pas à lire. Il essaie et, après quelques lignes, son esprit s'envole ailleurs… Ça l'énerve. Je lui dis que je comprends exactement ce qu'il ressent. La lecture est une sorte de course d'endurance : au début, c'est difficile, ennuyeux et décourageant. Et puis à force d'essayer, à force de mettre un pied devant l'autre, à force de pousser ses yeux de mot en mot le long des lignes, quelque chose jaillit. Le monde se rue à l'intérieur de soi. Et tout apparaît. Et toutes les voix s'élèvent. Et tout palpite. Tout tremble. Tout est amoureux. Je dis à Reza que quand j'étais petite, je détestais lire. J'avais peur des livres. Je ne les comprenais pas. Je ne réussissais jamais à en lire un seul en entier. J'étais très impressionnée par les gens que je voyais lire : ils tournaient les pages et tournaient les pages, comme si de rien n'était. Les pages de mes livres étaient si lourdes…

Insiste, Reza. Frappe mille fois à la porte des livres. Ils s'ouvriront. Je te le jure, tu auras mille cabanes. Mille mondes.

22 heures

Nous avons passé deux heures avec la psychologue du Samu social, au café d'en bas. Elle était belle. Si belle que je n'arrivais pas à me concentrer sur ses paroles. Je me laissais bercer par sa voix rêveuse, qui semblait courir pieds nus dans une prairie, sur la pointe des pieds, veillant à ne pas écraser la moindre pâquerette. Marius et Noé ne quittaient pas des yeux le match de foot diffusé à la télé, derrière le comptoir.

J'ai dû les changer de place pour qu'ils décollent leur regard de l'écran. Quand la psychologue nous a demandé si nous pensions à l'avenir de Reza, et en particulier au moment où il partirait de chez nous, Noé a dit que Reza ne partirait jamais de chez nous, parce que son pays était en guerre, et qu'on ne pouvait pas *habiter dans la guerre.*

14 juin

Je pars bientôt à Berlin dans une « résidence d'écriture » qui accueille des auteurs et des traducteurs du monde entier. Je demande à Reza ce qu'il aimerait que je lui achète comme provisions, avant mon départ. Nous n'avons jamais fixé de règles concernant les dépenses de nourriture. Chacun achète ce qu'il veut et se sert comme il l'entend dans le frigo et les placards. Comme on ne se concerte jamais, l'approvisionnement est parfois fantaisiste : samedi dernier, Fabrice, Reza et moi avons chacun acheté une boîte de dix œufs. Maintenant que je connais le régime alimentaire de Reza, je fais en sorte qu'il y ait toujours dans la cuisine des concombres, des aubergines, des pommes de terre et une quantité astronomique d'ail, d'huile de tournesol et de coulis de tomates. Je lui achète aussi, par paquets de trois, les sablés au beurre qui accompagnent son thé Do Ghazâl.

Ce soir, je me suis jetée à l'eau. J'ai enfin parlé à Reza de sa façon de se nourrir, qui me semble si joyeusement suicidaire. Je lui ai dit que manger, comme il le faisait, des tonnes de légumes et d'ail, était excellent pour la santé. En revanche, avaler chaque semaine cent cinquante grammes de sel, un demi kilo de sucre en poudre et un litre d'huile de tournesol n'était pas très charitable pour son cœur et ses dents.

— Bouteille huile, combien de temps, normal ?

— Au moins deux mois !

Reza éclate de rire et m'annonce qu'il va s'inscrire dans une salle de sport. « Daniel… C'est pas parce qu'on va à la salle de sport qu'on peut boire de l'huile toute la journée ! Et puis ça fait trois mois qu'on la cherche, ta salle de sport ! On les a toutes examinées à la loupe… Je crois qu'en fait, tu n'as pas très envie d'aller dans une salle de sport… » Reza rit de plus belle : « Non ! Je veux salle de sport ! Et aussi, je veux huile ! »

PARIS-BARRACUDA-JACOB

5 juillet

J'ai passé vingt jours à Berlin sous une pluie diluvienne. Mon écriture a été comme la pluie : diluvienne. Elle est tombée du ciel, furieuse et évidente. J'ai écrit d'une seule goulée la moitié de mon roman. J'ai même trouvé du temps pour mon amante la poésie. Avant mon départ, Reza m'a confié qu'il ne savait pas comment choisir un métier. Qu'il ne connaissait peut-être même pas le nom du métier qui lui conviendrait. Alors j'ai écrit ce poème, en pensant à lui.

PÈRE ET FILS

— *Tu as réfléchi à un métier ?*
— *Oui, et j'ai pensé : pourquoi pas dromelier ?*
— *Il me semble que les dromeliers n'existent pas.*
— *Père, en effet, on n'a jamais vu de dromelier.*
— *L'avantage, c'est que tu serais le seul dromelier, c'est prestigieux.*
— *J'ai justement pensé au prestige.*
— *Ignorant qu'elle existe, personne ne chercherait à prendre ta place, c'est rassurant.*

— Moi qui m'inquiète si facilement.
— La charge de travail serait minuscule, pour ne pas dire nulle : l'idée est reposante.
— Tu me connais, tu sais combien j'aime me reposer !
— Ton métier te laisserait tout le temps pour tes passe-temps : la matinée, l'après-midi, le soir, un morceau choisi de la nuit. Sans compter les congés payés.
— Le libre temps est sûrement la plus grande beauté du métier de dromelier.
— Et tu as réfléchi à un passe-temps ?
— Oui, et j'ai pensé : pourquoi pas douanier ?
— Ou contrebandier.
— C'est l'un ou l'autre.

Toujours il faut choisir.

*

En mon absence, Reza a réaménagé sa chambre. Il a dressé son lit à la verticale et déroulé un tapis oriental sur lequel il a posé deux paires d'haltères et une planche à abdominaux. Il y a aussi un miroir en pied ébréché. Une table de nuit ancienne. Et un tee-shirt cloué au mur, avec le visage de Jésus en sérigraphie à la Andy Warhol, portant l'inscription *JESUS IS MY HOMEBOY*[1].

1. « Jésus est de mon quartier ».

6 juillet

Je sursaute en découvrant Reza au milieu du salon, un aquarium dans les bras. Il m'attend, immobile, raide et sérieux, comme une boîte aux lettres sur pied.

Il m'explique qu'il a d'abord envisagé de nous acheter un chien. Mais un chien aurait manqué de place dans l'appartement. Il a donc choisi un poisson. Je m'approche et découvre un minuscule animal rouge hérissé d'une nageoire à franges. Reza me demande si je le trouve beau. Je suis tellement énervée à l'idée que ce poisson tournera en rond dans sa cage de verre jusqu'à la dernière minute de sa vie insensée, que je lui réponds par une pluie de questions : « Ça vit longtemps ? Ça mange quoi ? Il va pas s'ennuyer, tout seul ? Faudrait pas lui trouver un copain ? » Sur les conseils du vendeur, Reza a acheté du gravier décoratif, un produit pour neutraliser le chlore et les métaux lourds présents dans l'eau, et une boîte de microscopiques croquettes. En me renseignant sur Internet, j'apprends que ce poisson est un combattant du Siam. Il se nourrit de vers et d'insectes. Ou bien de quatre croquettes par jour. L'eau de son aquarium doit être maintenue à 25° degrés Celsius à l'aide d'un système de chauffage. Il ne faut surtout pas proposer à un autre combattant du Siam de tenir compagnie au nôtre : ils se jetteraient l'un sur l'autre et s'entre-dévoreraient.

*

L'aquarium trône sur la table basse au milieu du salon. Reza regarde avec tendresse notre prisonnier aux longs cheveux rouges et le salue en dari.

— Nous trouve un nom, déclare Reza.

Marius propose Jacob et moi Barracuda. Reza penche plutôt pour Paris. Nous décidons d'appeler notre poisson Paris-Barracuda-Jacob.

— Paris-Barracuda-Jacob de Turckheim, précise Noé.

9 juillet

En rentrant du cinéma, Fabrice et moi avons trouvé Paris-Barracuda-Jacob dans une myriade de flocons rouges : il somnolait au milieu de centaines de croquettes flottantes.

Je ne sais pas si je prie pour que le poisson s'en sorte ou pour qu'il meure d'indigestion.

Ce matin, Fabrice demande à Reza si c'est lui qui a donné mille croquettes au poisson, au lieu des quatre recommandées.

— Oui ! répond gaiement Reza. Paris avait faim !

STELLA

13 juillet

Fabrice et moi dînons en tête à tête quand Reza sort de sa chambre et s'assied en tailleur devant l'aquarium, les yeux rivés sur le poisson. Il nous dit qu'il a regardé une vidéo sur YouTube et qu'il a vu des morts… Kaboul… Le sang…

Il nous montre son bras, l'intérieur de la pliure du coude, et répète : « Le sang, le sang. »

Depuis trois nuits, il n'arrive pas à dormir. Il pense à la guerre. Soudain sa voix se durcit : il doit retrouver sa mère. Il doit partir à sa recherche. Il faut qu'il aille en Iran. Reza nous parle du jour où il a passé la frontière entre la Turquie et la Grèce. Il avait rendez-vous avec sa mère. Ils avaient décidé de partir ensemble en Europe. Il l'a attendue des heures. En vain. Il n'a jamais revu sa mère. Un homme lui a dit qu'elle était repartie en Iran. Il ne sait pas si c'est vrai. « Les gens racontent des choses », dit Reza. Il regarde le poisson. « Ma maman dans Méditerranée, possible. Beaucoup migrants morts dans Méditerranée. » Sa voix se brise.

Je lui demande ce qu'il est possible de faire. Comment font tous ceux que la guerre et l'exil ont séparés, pour avoir des nouvelles ? Comment font-ils pour se retrouver ? Reza nous parle d'une chaîne de télévision afghane qui diffuse des images de personnes disparues. Puis il se lève brusquement et disparaît dans sa chambre.

Nous restons devant nos assiettes, sans dire un mot. Mes mains tremblent.

14 juillet

Je suis assise à ma place habituelle dans le salon. Mon ordinateur est posé devant moi, sur la table en Formica rose. J'ouvre l'e-mail d'une enseignante dont j'ai rencontré la classe de 1ère L en janvier, et dont je garde un souvenir à fleur de peau, d'une précision photographique. Les élèves avaient transformé le CDI de leur lycée en véritable théâtre. Ils avaient reconstitué le désert caillouteux de mon roman *Popcorn Melody*, et son épicerie emblématique, avec des rayons de *Dry Corny*, un tord-boyaux à base de maïs. Ils s'étaient même donné la peine de fabriquer des étiquettes de *Dry Corny* et de les coller sur les bouteilles en verre. Un fauteuil m'attendait au milieu de la scène : le fauteuil de barbier de Tom Elliott, mon héros. Autour de moi, les élèves maquillés et déguisés ont « joué » le premier chapitre du roman. J'étais subjuguée. Éblouie par la sensibilité et l'humour de ces adolescents. Comment les remercier pour cette explosion de joie dans mon cœur ? Comment leur expliquer ce qu'on ressent, quand on a écrit un livre, dans la cabane mystérieuse de son esprit, sur un coin de table en Formica, et qu'on le voit réellement prendre vie ?

Deux jeunes filles se sont avancées, guitare à la main. Elles m'ont interprété *Popcorn Melody*, une chanson de leur composition. La *bande originale* du roman, m'ont-elle annoncée. L'une, Gabrielle, avait une somptueuse voix grave et rocailleuse. L'autre, Stella, un timbre d'aurore pâle et pure.

Après le spectacle, les élèves m'ont posé toutes sortes de questions sur le métier d'écrivain.

Est-ce qu'on gagne beaucoup d'argent ?

Non !

Est-ce que vous allez écrire toute votre vie ?

J'espère !

Puis Stella s'est approchée de moi. Elle m'a confié son rêve de devenir écrivain et m'a tendu un manuscrit sur lequel elle travaillait depuis plusieurs années. Il y avait dans ses yeux et sa voix une passion impatiente. Un grand feu de désir.

Après avoir lu son roman, j'ai écrit à Stella un long e-mail dans lequel j'évoquais ses descriptions de la nature australienne, si belles et tourmentées. Nous nous sommes écrit plusieurs fois au mois de mai.

Je lis l'e-mail de l'enseignante. Je ne comprends pas tout de suite ce que je suis en train de lire. Soudain j'éclate en sanglots. Tout mon corps est pris de spasmes, comme si une main géante me secouait. Si je voyais un personnage s'effondrer de cette façon ridicule dans un film, ça ne me paraîtrait pas crédible. Mais je ne peux plus m'arrêter de trembler et de pleurer. Stella s'est suicidée. Reza est entré dans le salon. Il me regarde. J'essaie de lui sourire et lui fais signe de me laisser seule.

Le soir, il vient vers moi et me serre la main, plongeant ses yeux profonds et inquiets dans les miens. Je lui explique ce qui est arrivé. Après un moment de silence, il me dit : « C'est guerre dans mon pays. Chez vous, c'est guerre dans la tête. »

Je me demande ce que Reza pense du suicide, lui qui lutte depuis tant d'années pour rester en vie. Il nous sert deux tasses de thé et nous parlons de Stella. Plus je l'écoute plus je comprends qu'il en sait trop sur la souffrance humaine pour juger qui que ce soit.

TÊTU ROI

15 juillet

Quand Reza m'a dit qu'il aimerait partir en vacances trois jours *avant nous*, j'ai cru que j'avais mal compris. « Si tu arrives avant nous à Antibes, je ne serai pas là pour te faire visiter la maison et t'expliquer comment les choses marchent… Et tu vas te retrouver seul avec mes parents et la famille de mon frère qui vient du Portugal. » Cette idée a semblé le réjouir. Alors j'ai voulu lui expliquer que c'était un peu étrange, pour mes parents, de l'accueillir dans leur maison sans Fabrice et moi, mais j'ai eu peur de lui faire de la peine et je lui ai simplement dit que si nous arrivions à Antibes le même jour, ce serait beaucoup plus pratique ; je pourrais lui faire découvrir la ville, le marché, la plage… En guise de réponse, Reza m'a dit : « Ils sont *très* gentils tes parents. »

Rien à faire. Reza le Grand Têtu avait déjà pris sa décision.

J'ai donc annoncé à ma mère que Reza allait débarquer trois jours plus tôt que prévu, et seul. Cette nouvelle n'a pas eu l'air de l'inquiéter. D'ailleurs, pourquoi s'inquiéter ? Reza est un hôte idéal et mes parents sont des hôtes idéaux. Leur maison est toujours remplie d'amis venus du monde entier : un invité de plus ne devrait pas bouleverser leur quotidien.

Comme ma mère a l'art de mettre les pieds dans le plat, je la mets délicatement en garde : mieux vaut ne pas aborder certains sujets personnels avec Reza, qui se confie difficilement sur sa famille et ses années d'exil. Sans entrer dans les détails, je lui explique que Reza est un garçon adorable, intelligent et ouvert, mais qu'il a tendance à se refermer d'un coup quand il est contrarié ; il ne faudrait pas le brusquer avec des questions indiscrètes.

« Pour qui tu me prends ! » s'est insurgée ma mère.

Aujourd'hui, veille du départ de Reza pour Antibes, ma mère m'appelle dans un état de désarroi total. Elle s'est disputée avec mon frère qui refuse que Reza s'installe au même étage que lui dans la maison. Il ne veut pas qu'un inconnu utilise la même salle de bains que ses enfants. Je reste muette au bout du fil. Ma mère me dit qu'elle est furieuse et désolée. Et qu'elle n'a pas gardé sa langue dans sa poche : « Je lui ai dit que Reza n'était pas un inconnu puisque vous habitiez ensemble ! Moi, je suis peut-être une conne de droite, mais je ne suis pas égoïste ! Ça sert à rien de lire *Libération* sur la plage, si c'est pour se comporter comme ça ! » Je me remplis d'une lave de colère et de tristesse, qui, au fond, n'a rien à voir avec mon frère.

C'est cette histoire de salle de bains qui me préoccupe. Pourquoi accueillir des migrants dans notre pays, dans notre maison ? Pourquoi les accueillir dans notre salle de bains ?

Parce que nous croyons que l'Europe existe encore.

Ne me demandez pas qui est ce *nous*. Nous nous reconnaissons sans avoir à faire l'appel. Nous avons grandi dans ce *nous-européen*, qui est à la fois un lieu et une vision. Nous avons fêté le bicentenaire de la Révolution française : nous nous sommes réunis dans la cour de récréation et nous avons lu la Déclaration des droits de l'homme et du citoyen (j'étais en CE2, je portais un bonnet phrygien en papier crépon). Aujourd'hui, nous sommes pris dans le courant violent de la rivière contemporaine. La rivière gronde que les Lumières de l'Europe se sont éteintes, que l'Europe n'est qu'un marché dont les denrées sont chères et périmées, qu'elle est le lieu exigu où s'entêtent à échouer ceux qui ont tout perdu. À la surface de la rivière, dérivent des morceaux de bois qui se cognent contre les rochers. Nous sommes ces bouts de bois. Ces radeaux fous. Et nous entendons une voix lointaine, mourante et vivante. La voix de Paul Valéry qui, au lendemain de la Première Guerre mondiale, demande : « L'Europe deviendra-t-elle *ce qu'elle est en réalité*, c'est-à-dire : un petit cap du continent asiatique ? Ou bien l'Europe restera-t-elle *ce qu'elle paraît*, c'est-à-dire : la partie précieuse de l'univers terrestre, la perle de la sphère, le cerveau d'un vaste corps ? »

Nous nous accrochons aux racines des saules qui longent la rivière. Nous rassemblons nos forces et nous parvenons à nous hisser hors de l'eau.

— Que faire, maintenant ? se demandent les morceaux de bois entassés sur la berge.

— Bâtissons quelque chose ! suggère une vieille planche robuste.

— Nous pourrions être un immense feu de bois ! On nous verrait depuis la Lune !

— Imbécile ! On partirait en fumée !

— Alors une cabane, propose une voix singulière au sommet du tas de bois.

— Une cabane ? Pour quoi faire ?

— Pour accueillir toute la misère du monde, dit la jeune planche.

Des voix s'élèvent :

— Toute la misère du monde ? Un peu de bon sens ! Ça ne va jamais rentrer !

— Elle n'a pas le sens des réalités, cette petite !

La jeune planche se dresse et dit : « Écoutez-moi bien. Il y a la *réalité* et il y a ce qui *paraît* et nous *apparaît*. Et moi je vous parle d'une cabane. Pas d'une maison. Une maison est une construction réelle qui n'est que ce qu'elle est. Elle a une certaine surface habitable, un certain nombre de pièces. Tandis qu'une cabane est un lieu imaginaire et incommensurable. La cabane a des idées et peut accueillir sans compter. Si la cabane déborde, c'est d'imagination. La cabane est le Haut Lieu Poétique. Quiconque habite la cabane est pris dans le rêve d'Europe. Pour vivre dans la cabane, il suffit d'être de *bonne volonté.* »

Les bouts de bois applaudissent. Pas tous, évidemment. Il y a des sceptiques et des moqueurs, qui déposent des amendements. Mais après un jour et une nuit de débats, on procède au vote et le projet de cabane est adopté.

18 juillet

Au téléphone, ma mère me donne de bonnes nouvelles de Reza. Apparemment, il se plaît énormément à Antibes. Il aide ma mère à faire la cuisine. Il va à la plage et bronze à vue d'œil. Il sort le soir, rentre tard, arpente la vieille ville et s'achète des tenues estivales au marché. Finalement, il dort au rez-de-chaussée de la maisonnette, au fond du jardin. À peine installé, il a demandé à ma mère une serpillière pour nettoyer sa chambre. « Il a dû trouver que c'était un peu poussiéreux », me dit ma mère qui, comme moi, n'est pas très à cheval sur le ménage.

Elle me raconte que Marius, Noé et leurs cousins ont « inventé une religion ». Ils ont déroulé des tapis sur la terrasse, allumé des bougies, et récité tout l'après-midi des prières dans une langue inventée. Reza était, paraît-il, sidéré par ce jeu.

19 juillet

Reza est magnifique : bronzé, détendu, souriant, moulé dans un tee-shirt *Antibes Sea Resort* bleu turquoise. Il s'est acheté des tongs et semble vivre ici depuis six mois. J'observe sa silhouette familière déambuler dans le jardin de mon enfance, entre les bananiers et les orangers. Ce paradis lui va si bien. Ma mère et lui s'entendent comme larrons en foire. « Pourquoi tu m'as dit qu'il ne racontait pas beaucoup sa vie ? s'étonne-t-elle. À moi, il m'a tout raconté ! Tu savais qu'il avait essayé de traverser la Méditerranée entre l'Albanie et l'Italie, et que son passeur avait fait chavirer le bateau, exprès, en pleine nuit ! Plein de gens se sont noyés ! Reza a dû nager dans le noir ! Tu te rends compte ! Tu savais ça ? »

Une image délirante de Reza m'apparaît. Je le vois, à l'âge de quatorze ans, nageant le crawl dans les hautes vagues sous la lune.

Quand j'ai proposé à Reza de nous accompagner cet après-midi au cap d'Antibes, en lui précisant qu'il n'y avait pas de plage à cet endroit et qu'on accédait à la mer en sautant d'un rocher, Reza m'a dit qu'il ne pouvait ni se jeter à l'eau ni se baigner sans avoir pied. Il me raconte que la nuit où le passeur a renversé son embarcation, il a nagé dans le noir, sans savoir dans quelle direction aller, au milieu des cris et des appels au secours de ses compagnons et compagnes d'exode. Certains, pour ne pas couler, s'agrippaient à d'autres, les entraînant sans le vouloir dans leur noyade. Reza me dit qu'il a eu très *peur*.

Ce mot – peur –, nous l'avons utilisé mille fois dans nos vies, nous avons tous déjà eu peur. Alors je pense à ces lignes de Primo Levi évoquant son quotidien à Auschwitz : « Nous disons "faim", nous disons "fatigue", "peur" et "douleur", nous disons "hiver" et en disant cela nous disons autre chose, des choses que ne peuvent exprimer les mots libres[1] (…) »

Il faudrait un autre mot, un mot de servitude et de folie, un mot, à la lettre, *inhumain*, pour nommer cette peur dont parle Reza.

1. Primo Levi, *Si c'est un homme*, traduction Martine Schruoffeneger, Julliard, 1987.

22 juillet

Tout est passé si vite et si joyeusement. Pour le dernier soir de Reza parmi nous, ma mère a préparé un festin qui a mijoté des heures dans des tajines en terre cuite. Nous dînons dans le jardin, à la lumière des bougies. Mon frère raconte le voyage qu'il a fait en Iran quand il était plus jeune. Reza et lui prononcent les mêmes noms de villes et de régions, dans cette langue qui semble rouler sur une pente douce, comme rouleraient des milliers de cailloux multicolores et précieux. Reza et mon frère ont l'air heureux d'évoquer ces lieux, ces souvenirs.

Oubliée, l'histoire de la salle de bains.

Oubliée, ma colère.

23 juillet

Sur le chemin de la gare, à l'ombre d'une ruelle voûtée du vieil Antibes, je tends à Reza des billets de banque.

— J'ai de l'argent, me dit Reza.

— Je sais que tu as de l'argent, Daniel ! Mais tu vas être tout seul à la maison pendant trois semaines… C'est long ! D'habitude je t'achète des tomates, des concombres, du riz ! Et de l'huile, surtout ! Qui va t'acheter tes litres d'huile ?

Reza éclate de rire et accepte mon argent.

J'aime imaginer Reza dans l'appartement. Peut-être qu'il va enfin fouiller dans les tiroirs. Si j'étais à sa place, c'est ce que je ferais. On devine tout de la vie des autres en ouvrant leurs tiroirs, en découvrant les objets, l'ordre et le désordre, les photos, les bouts de papier, les lettres manuscrites, les choses glissées en dessous, cachées. Les archives de la vie.

Reza a pour mission d'arroser le plant de tomates de Noé qui fait maintenant 70 centimètres de haut et qui est couvert de fleurs. Et bien sûr, de nourrir Paris-Barracuda-Jacob.

— Quatre ou cinq croquettes par jour, Daniel… Pas cent cinquante ! Tu me promets ?

— Si c'est très faim ?

— Il a un tout petit estomac, ce poisson ! Il n'a pas faim !

— Moi je crois il a faim.

— Daniel, tu connais le mot « têtu » ?

— Têtu ? Qu'est-ce que c'est dire, *têtu* ?

— Ça veut dire que quand tu as une idée en tête, tu ne veux pas la lâcher. Et toi, tu es très têtu. Tu es le roi des Têtus !

— Merci, Émilie !

— De rien, Daniel…

LE GRAND RETOUR DES FEMMES NUES

5 août

Fabrice, les enfants et moi partons en Corse. Depuis le pont du ferry, je regarde le désert bleu. La bienveillante Méditerranée de mon enfance. Je pense aux milliers de migrants morts noyés. J'essaie de me représenter cette foule : des milliers de corps. Je les imagine vivants. Je les imagine en train de faire de la bicyclette. Le soleil se couche. Sur le bloc-notes de mon iPhone j'écris cet étrange poème :

LE POÈTE

D'abord il est content
Qu'une seconde tête lui tombe sur le cou

Il parle tantôt d'une bouche tantôt de l'autre

Ce que l'une dit
Ô plages d'alphabets où butent les ressacs
Sa jumelle le passe dans sa voix
Bordure je te hais, tu noies la lettre des étranges

Émue la première murmure
Ô rivage pourri où les langues et les tortures d'eau…

Et la seconde, illuminée par ces mots
Rives incréées où coulent nos accueils

En chœur, d'une même peine
Ô frères morts, ô jeunesse morte avant que d'accoster !

Bientôt le poète regrette sa seule tête

(En ce temps-là, des gens venus de guerre se noyaient.)

16 août

Retour à Paris. Reza est au travail. L'appartement a des allures de caserne militaire. Rien ne traîne ni ne dépasse. Tout est méticuleusement rangé, aligné, plié. Il n'y a pas un grain de poussière sur les meubles. Je découvre un balai serpillière dans un coin de la salle de bains : ça devait faire six mois que Reza se retenait de l'acheter.

Le frigo est rempli de produits surprenants : des escargots de Bourgogne dans un emballage sous vide, des eskimos qui, faute de se trouver au congélateur, ont entièrement fondu, des saucisses industrielles rouge vif, une bouteille de soda vert fluorescent et un tube de mayonnaise *goût kebab*. J'ai l'impression que si je mangeais n'importe lequel de ces aliments, je crèverais sur-le-champ, comme d'une balle de revolver dans la tête. Quand j'étais petite, on m'avait dit qu'on pouvait « mourir de la cigarette ». Pendant longtemps, j'ai cru qu'on mourait non pas à force de fumer, mais parce qu'on tombait un jour sur une cigarette empoisonnée, et qu'elle nous tuait sur le coup. J'étais très impressionnée par le courage et la désinvolture des fumeurs qui risquaient la mort à chaque clope. Je tenais mon père pour un héroïque kamikaze : il fumait un paquet de gitanes par jour.

Il y a de nouveaux objets dans l'appartement. Notamment un « porte-papier toilette » que Reza a fabriqué à l'aide de fil de fer et qu'il a accroché au radiateur, en face de la cuvette, pour qu'on n'ait plus à se tordre le dos en attrapant le rouleau derrière soi.

Et aussi – stupeur ! – un buste de femme nue, avec des seins aériens, posé sur un tabouret. C'était bien la peine que je chasse de la maison les femmes déshabillées… Je n'ai plus qu'à crier : « Sortez de vos planques, les filles ! La voie est libre ! »

18 août

Reza me demande de le suivre dans la chambre des enfants. Il s'accroupit, plonge le bras sous le lit et en sort une grosse mallette blanche.

— Cadeau pour Marius et Noé !

Il soulève le couvercle : c'est une superbe machine à écrire des années soixante. Une Hermès 3 000.

Pour que Marius et Noé *fabriquent des livres*, me dit Reza.

JE CHERCHE MON FILS

20 août

Reza me demande les 1 000 euros que j'ai cachés dans la boîte verte à pois blancs. Il ne me dit pas ce qu'il compte en faire et je ne lui pose pas la question.

Ça ne me regarde pas. S'il veut acheter vingt tentes Quechua pour les distribuer à des migrants, porte de la Chapelle, c'est son droit le plus doux, le plus beau.

Cet argent, c'est aussi *tout* son argent. Ce sont ses seules économies. J'aurais bien aimé qu'il les garde pour lui. Égoïstement pour lui.

Mais à quoi bon essayer de faire changer d'avis le roi des Têtus ?

21 août

Reza tient dans ses bras un carton plein à craquer, qu'il a trouvé sur un trottoir, près du métro Jussieu.

— Émilie ! Livres pour vous !

Ce sont des romans à succès de Dan Brown, Bernard Werber et beaucoup d'autres. Il y en a une cinquantaine. Moi qui essaie sans cesse de faire tenir mes livres sur les étagères bondées de l'appartement, je suis un peu déconcertée par ce cadeau. Tous les trois mois, je me débarrasse de dizaines de livres : les enfants m'aident à les exposer sur un drap que je déplie en bas de l'immeuble. Nous scotchons une feuille au mur, avec de grandes majuscules tracées au feutre : *Servez-vous ! Vive les livres !* Puis nous observons, tous les trois penchés à la fenêtre, les passants qui s'arrêtent, fouillent, trouvent leur bonheur, le fourrent dans leur sac et s'en vont. Quand il n'y a plus un seul livre, Noé descend récupérer le drap, que nous ressortirons à l'occasion de notre prochaine braderie sauvage.

Même si je ne sais pas quoi faire de cet énorme carton rempli de best-sellers, je suis émue par le geste de Reza. Il sait que je vis entourée de livres, alors il en recueille et me les offre, pendant que je l'observe, petit à petit, s'approcher des livres, lui aussi.

Il me demande si je sais pourquoi certaines personnes lisent et d'autres non. Ses mots exacts sont : « Tu sais personnes livres oui, personnes livres non ? »

Je suis bilingue Reza-français.

Je lui dis que souvent, la lecture est une question de *compagnie*. Il y a des gens qui sont attirés dès leur enfance par les livres, alors que personne ne lit dans leur famille et qu'il n'y a pas de livres dans leur paysage. Mais le plus souvent, les gens lisent parce que leur corps, dans leur jeunesse, a côtoyé des livres et des gens qui lisent.

Les livres sont une histoire de corps. C'est notre corps qui prend les livres. C'est dans notre corps que les livres poussent. Et c'est de corps à corps que les livres passent.

Je cherche mon fils

23 août

Dans tous les pays où elle est présente, la Croix-Rouge aide les personnes qui ont fui leur région à garder des liens avec leur famille et à la rechercher si elles en ont perdu la trace. Ces derniers mois, à chaque fois que j'ai proposé à Reza d'appeler la Croix-Rouge, il a refusé. J'ai compris que même s'il souffrait cruellement de ne pas avoir de nouvelles de ses proches, il préférait les imaginer vivants, et prier pour qu'ils le soient, plutôt que d'apprendre leur mort par la bouche d'une inconnue, et perdre tout espoir. L'espoir est plus précieux que la réalité. C'est la force lumineuse et pugnace à qui Reza doit la vie.

Ce matin, pourtant, il a accepté que je prenne rendez-vous avec une personne chargée du *rétablissement des liens familiaux*. Reza et moi nous rendons sur le site Internet *Trace the Face* dont m'a parlé une bénévole de la Croix-Rouge. Ce *lieu* est à peine croyable. On y croise des milliers de visages d'hommes et de femmes. Sous chaque visage, il y a ces mots, qui résument l'horizon de la vie : « Je cherche mon fils », « Je cherche mes parents », « Je cherche ma famille »… Nous entrons les informations demandées (pays d'origine, âge, genre) et j'appuie sur « Rechercher ». Quel vertige…

Et si le visage de la mère de Reza apparaissait soudain sous nos yeux ?

Il n'apparaît pas.

POUR LE STYLE

8 septembre

Reza débarque dans le salon avec un sourire ravi et un casque de chantier à la main, et m'annonce qu'il a trouvé un nouveau travail. Il commence demain.

— Quel genre de travail ?

— Nettoyage BTP !

J'aimerais tellement lui dire de ne pas accepter. Qu'il y aura du bruit et de la poussière. Qu'il devra porter des charges du matin au soir. Qu'il aura mal au dos. Qu'une crèche municipale est un lieu plus accueillant qu'un chantier. Mais Reza semble tellement heureux…

9 septembre

Si je ne l'avais pas arrêté dans le couloir pour lui demander de me raconter cette première journée, je crois que Reza serait allé directement dans sa chambre, sans dire un mot. Il s'assied sur une chaise, en face de moi. Ses yeux sont mouillés de larmes. Je ne l'ai jamais vu dans cet état. Il me dit qu'ils lui ont mal parlé. Ils n'avaient aucun respect. Ils lui ont crié dessus. Et Reza ne comprenait pas ce qu'on attendait de lui. Une poussière épaisse flottait dans l'air. Reza en avalait à chaque respiration. Il a demandé un masque. On lui a dit de se grouiller. On ne lui a pas donné de masque. Il a porté des poutres en bois toute la journée. Elles étaient si lourdes qu'en s'y mettant à deux ils arrivaient à peine à les décoller du sol. On lui a dit qu'il n'allait pas assez vite. Les gants de protection étaient trop larges et glissaient. Reza s'est enfoncé des échardes dans les paumes. Il me demande si je sais comment les enlever. Une à une, je les retire à la pince à épiler. Ses mains tremblent. « Je suis pas un chien », me dit Reza.

Il a décidé qu'il quitterait le chantier à la fin de la semaine.

— Ils t'ont gardé ta place, Daniel, dans l'autre travail… Tu peux y retourner dès demain, si tu veux.

— Je termine semaine.

Je n'insiste pas. Terminer la semaine, c'est peut-être sa façon d'être plus fort que le mépris et ce travail de *chien*.

10 septembre

J'ai reçu un appel de la Croix-Rouge : le rendez-vous de Reza est annulé. Toutes les équipes concentrent leurs efforts pour venir en aide aux victimes de l'ouragan qui a dévasté l'île Saint-Martin. On me conseille de rappeler dans un mois. Quand j'annonce la nouvelle à Reza, je vois son soulagement. Je lui donne, sur un bout de papier, le numéro à rappeler. Je sais qu'il n'appellera pas.

Un jour, Reza fera tout ce qui est en son pouvoir pour retrouver sa mère et ses frères et sœurs. Ce sera peut-être dans trois mois. Peut-être dans trois ans. Lui seul décidera que le moment est venu de savoir.

15 septembre

Fabrice, les enfants et moi regardons *Ghostbusters*, une assiette de spaghettis sur les genoux, quand Reza apparaît, triomphant, poussant un meuble devant lui :

— J'ai trouve bibliothèque pour livres !

C'est une desserte de cuisine à roulettes, avec deux tiroirs, un plan de travail en carrelage et une étagère au ras du sol. Fabrice fait une drôle de tête. Il pense probablement à la même chose que moi : « Putain, que faire de ce truc ? » Il n'y a plus aucune place ni dans le salon ni dans nos chambres.

— On peut mettre les livres dans les tiroirs ! propose Noé.

Reza ne comprend pas que les gens jettent des meubles en bon état. Il ramasse tout ce qu'il trouve sur les trottoirs. Sa chambre est une brocante, riante et bancale.

16 septembre

— T'as vu la nouvelle coupe de Daniel ? me demande Fabrice.

— Non, mais ça peut pas être pire que d'habitude.

— Oh si…

En général, Reza a une extraordinaire coupe au bol qui lui passe juste au-dessus des oreilles, avec des trous de tondeuse sur les côtés et à l'arrière du crâne. Les trous ne sont pas là par hasard, mais « pour le style », comme me l'a expliqué Reza, qui se fait couper les cheveux au moins une fois par mois.

*

Assise à la table du salon, j'écris une poésie :

Elle dit
L'amour
Est fini
Coupons sans les blesser
Les livres au milieu
Le pain frais du matin
Notre adresse
Les enfants en deux
Sous le nombril
Pile

Je relève la tête et pousse un cri : Reza a la tête entièrement rasée. Ce qui lui donne une expression terriblement dure et sombre. Les os de son visage semblent plus saillants que jamais. Il passe les mains sur son crâne en riant, d'un air gêné :

— C'est bien ?

— Si ça te plaît, Daniel, c'est bien.

— Et vous aime ?

— Moi je préfère vraiment quand tu as des cheveux… Une tête rasée, ça me fait penser à des choses tristes. C'est la première fois que tu te rases la tête ?

— Oui… Première fois.

— Et pourquoi tu as eu envie de le faire aujourd'hui ?

— Je sais pas. Pour le style.

MANIAQUE MANIOC

22 septembre

Reza s'est planté devant moi dans la cuisine et m'a demandé 50 euros. J'ai compris qu'il avait dépensé ses 1 000 euros d'économies et son salaire du mois. J'ai senti une étrange colère monter en moi. J'en ai voulu à Reza de me mettre dans cette situation et j'étais stupéfaite de m'entendre prononcer ces mots : « Si tu veux que je t'achète des choses, de la nourriture, n'importe quoi... je t'achète tout ce que tu veux. Mais je ne veux pas qu'il y ait de billets de banque entre nous. » Je suis allée tirer de l'argent au distributeur en bas de la rue. Quand je suis rentrée à la maison, Reza était très nerveux. Je lui ai donné de l'argent et je lui ai demandé, d'une façon abrupte et presque grossière, comment il avait fait pour dépenser 2 000 euros en deux semaines. Il m'a dit qu'il avait acheté un téléphone portable à 600 euros pour remplacer celui qu'il s'était fait voler. Et un autre téléphone, au même prix, pour un ami qui n'en avait pas. Et deux tentes, pour des migrants. Et un billet de train pour un Iranien qui partait à Marseille. Et qu'il avait donné 700 euros à un Afghan rencontré porte de Clignancourt, pour qu'il puisse rentrer se marier à Kaboul.

J'aurais voulu dire à Reza que si tout le monde se comportait comme lui, il n'y aurait plus de sans-abri dans les rues de Paris. Il n'y aurait plus de Restos du Cœur, plus de centres d'hébergement d'urgence, plus de misère. Mais j'étais furieuse à l'idée que des gens puissent abuser de sa générosité et lui prendre son argent ; l'argent qu'il gagne en faisant le ménage du matin au soir. Alors tout ce que j'ai trouvé à dire c'est que c'était complètement débile d'acheter des téléphones portables à 600 euros. Que c'était beaucoup trop cher. Reza a crié : « Je sais pas ! Je sais pas téléphone 600 euros c'est beaucoup cher ! Je connais pas ! Je suis seul ! » Et ces mots – « *je suis seul* » – m'ont déchiré le cœur.

6 octobre

Reza vient de passer une heure avec son assistante sociale. Il a mis une chemise blanche qui lui va admirablement. On dirait Daniel Craig dans *James Bond*. Ses cheveux ont repoussé et son torse, à force d'exercices quotidiens de musculation, a doublé de volume. Je lui dis que je le trouve très élégant dans sa chemise.

— Mon assistante sociale dit comme vous.

— C'est vrai ? Ton assistante sociale t'a dit que tu avais une belle chemise ?

— Oui, elle dit : « Vous êtes beau gosse. » Elle aime mon chemise.

— Mais c'est pas ta chemise qu'elle aime ! Elle te drague !

Reza cache son rire derrière une main. Je ne l'avais encore jamais vu rougir.

Il a décidé qu'il porterait la même chemise demain : il doit passer un entretien d'embauche pour un poste d'agent d'entretien dans un lycée des Yvelines. L'une de ses tâches consisterait à préparer les repas des lycéens. Il espère de tout son cœur être pris.

12 octobre

Reza a mal à la gorge et se sent fiévreux. Dès qu'il a une vague maladie, je ne peux pas m'empêcher de prendre soin de lui comme d'un enfant. Je lui apporte de l'eau fraîche, du thé, du Doliprane, du sirop et des bonbons au miel. Quelque chose, dans ces gestes-là, se joue et se rejoue. Un jeu très ancien, où les mères s'inquiètent en chœur et se penchent au-dessus d'un front chaud. Reza me dit que la sienne savait guérir les angines rien qu'en massant la gorge.

19 octobre

Jour de joie ! Reza a signé son contrat pour le poste d'agent d'entretien dans le lycée. Nous le félicitons et buvons du champagne pour fêter son succès. Même Marius et Noé se remplissent une coupe.

— Une petite coupe, j'avais dit !

— Elle est pas plus grande que la tienne ! me rassure Noé.

25 octobre

Reza a acheté deux tentes pour une famille roumaine installée à la sortie du métro place Monge. Un homme et une femme d'une trentaine d'années, et deux garçons en âge d'aller à l'école primaire.

— Ils étaient contents quand tu leur as donné les tentes ?

— Oui, je suis très content !

Comme il en dit long, ce beau malentendu.

26 octobre

— Je appris un mot, aujourd'hui, me dit Reza. Un mot très bien. « Manioc » !

— Manioc ? La racine qui se mange ?

— Non… Quelqu'un il adore beaucoup nettoyer.

— Ah ! *Maniaque* ! Oui, c'est quand on aime que tout soit très bien rangé et très propre ! Moi, par exemple, je ne suis pas très maniaque…

— Vous pas du tout maniaque ! s'exclame Reza.

C'était vraiment un cri du cœur. Je pars dans un fou rire qui contamine Reza. Il est comme moi : quand il se tord de rire, les larmes lui montent aux yeux.

FLUCTUAT NEC MERGITUR

6 novembre

Fabrice, les enfants et moi, rentrons de Corse ; le parfum de Reza flotte dans tout l'appartement. En posant ma valise dans le salon, quelque chose attire mon regard. Au-dessus de l'aquarium de Paris-Barracuda-Jacob, deux sculptures en fil de fer sont accrochées au mur : les prénoms Marius et Noé, ainsi que le *E* d'Émilie et le *F* de Fabrice, logés dans des cœurs.

*

Reza a commencé son nouveau travail ; il en est ravi. Il lui faut une heure et demie pour se rendre au lycée et autant pour rentrer à la maison le soir. Les gens de son équipe sont « très très très gentils », nous dit-il, en détachant délicatement chaque « très ». Il nous raconte qu'il commence par trois heures de ménage dans les salles de classe et le réfectoire. Puis il aide les cuisiniers à préparer le déjeuner des lycéens. Ensuite vient l'heure de la plonge. Et enfin, le nettoyage du réfectoire.

Après un silence, il hésite à ajouter quelque chose, se mord les lèvres et dans un sourire radieux : « Dans l'équipe, je rencontré une fille, c'est comme sœur ! »

9 novembre

Reza rentre à 22 heures tous les soirs. Les longs trajets en RER le fatiguent. Il a des cernes bruns et gonflés sous les yeux. Le matin, son réveil sonne à 4 h 30. Sa journée est coupée en deux parties : la matinée, jusqu'à l'heure du déjeuner, puis le soir, pour préparer le repas des élèves internes qui passent la nuit au lycée. Rentrer à la maison entre ces deux plages de travail lui prendrait trois heures, alors Reza reste sur place. Comme je me lève moi-même à 4 heures pour corriger les épreuves de mon roman, nous nous croisons tous les matins et nous chuchotons « Bonjour Daniel ! – Bonjour Émilie ! – Bien dormi ? » tandis que toute la maison rêve encore.

11 novembre

Reza n'est pas sorti de sa chambre. On n'entend aucun bruit derrière sa porte ; je crois qu'il dort encore. Je dis à Marius et Noé de jouer en silence, de marcher doucement sur le parquet, de chuchoter… Je n'arrête pas de leur répéter : « Chut… Chut… Daniel dort ! Il faut le laisser se reposer de sa semaine de travail… » Nous parlons à voix basse et nous évitons les lattes du parquet les plus grinçantes.

Soudain la porte d'entrée s'ouvre : c'est Daniel. Il était parti, à l'aube, se balader. Noé lui explique notre surprise : « On croyait que tu dormais ! Ça fait trois heures qu'on essaie de pas faire de bruit pour pas te réveiller ! »

« Oooooh ! Le bruit dérange pas moi ! » dit Reza, désolé. Dit Reza qui tous les matins marche sur la pointe des pieds pour ne pas faire chanceler notre sommeil.

13 novembre

Dans tout Paris, on peut lire sur de grands panneaux *Fluctuat nec mergitur*, la devise de la ville. « Il est secoué par les flots mais ne sombre pas. » Il y a deux ans, des terroristes assassinaient 129 personnes à Paris. Cette nuit-là un ami se prenait une balle à bout portant au Bataclan. Et comme le navire de la devise, l'ami n'a pas sombré. Il a survécu. Plongée dans mes pensées, la tête appuyée sur l'épaule de Fabrice, je ne remarque pas que Reza vient d'entrer dans le salon et s'est assis sur un fauteuil, en face de nous. « Je veux parler à vous. » Je sursaute et me redresse. Reza nous dit d'une voix soucieuse que son directeur trouve qu'il fait du très bon travail et que pour lui éviter ses longs trajets en RER, il lui a proposé une chambre dans l'internat du lycée, gratuitement.

— Mais Daniel, c'est génial ! C'est incroyable !

Fabrice et moi sommes fous de joie. Notre réaction est contagieuse : un sourire rayonnant se pose sur le visage de Reza. Ces derniers mois, il m'a souvent dit qu'il aimerait louer un appartement à Paris ou en banlieue, quand il quitterait la maison. Il me disait que grâce à son contrat de travail, il n'aurait pas de mal à trouver un studio. À chaque fois qu'il me parlait de cet appartement, mon ventre se nouait. Comment louer un studio à 700 euros quand on gagne 1 100 euros par mois, qu'on n'a pas de CDI, qu'on est afghan et qu'on a un titre de séjour comme pièce d'identité ? Cette question de l'après m'angoisse depuis que Reza est arrivé chez nous. J'ai toujours peur que ce temps partagé soit un nid fragile, posé sur la route d'un exil qui ne finira jamais. Un nid que la vie, injuste et violente, aura vite fait d'écraser. Une main céleste vient de retirer un poids de une tonne de mon dos. Même Fabrice, qui sait si bien cacher ses émotions, paraît bouleversé.

Cette nouvelle est tellement extraordinaire qu'une partie de mon cerveau refuse encore d'y croire.

— Daniel, tu travailles dans cette équipe depuis une semaine et le directeur te propose un logement gratuit… C'est fantastique ! C'est dingue ! Comment ça se fait ?

Reza essaie de me répondre mais je ne comprends pas son explication. Il cherche un mot précis.

— Quand vous va en Corse, et je suis dans appartement Paris une semaine… Vous faisez quoi ? C'est quel mot ?

— On t'*abandonne* ?

— Non ! Pas *abandonne*. Quand vous parte dans Corse et moi ici dans appartement, avec ordinateurs, carnets pour chèques, tous les choses de vous…

— Ah ! On te fait *confiance* !
— C'est confiance ! Oui ! Mon directeur fait confiance à moi.

Ce chavirement de joie, je ne l'oublierai jamais.

Reza fluctuat nec mergitur.

LA CHAMBRE DE DANIEL

19 novembre

Reza s'en va.

Daniel s'en va.

Ses affaires sont dans l'entrée. Il nous laisse tous les meubles, luminaires, miroirs qu'il a cueillis au hasard des rues.

Deux de ses amis iraniens sont là pour l'aider à porter ses valises. Daniel leur fait signe d'entrer dans l'appartement. Ils sont intimidés. Je serre la main au jeune homme qui est entré le premier et dont le visage frappe par sa beauté. Il baisse les yeux. Daniel lui dit quelque chose en farsi, d'un ton de réprimande. Alors le jeune homme me regarde et me dit son prénom : « Rahim. » Daniel le reprend aussitôt en articulant bien nettement : « Je m'appelle Rahim », comme un parent qui trouve que son enfant ne s'est pas montré assez poli. Daniel m'a souvent parlé de cet ami. Au mois de mars, Rahim a eu une rage de dents infernale. N'ayant ni papiers ni carte Vitale, il n'a pas osé se rendre à l'hôpital. Daniel m'a appris qu'un cabinet dentaire itinérant, installé dans un bus, proposait des soins gratuits trois fois par semaine à des gens qui, comme Rahim, n'avaient pas de couverture sociale. Seulement le jour où Rahim a ressenti cette violente douleur dans une molaire, le bus n'était pas en service. Il lui fallait encore patienter quarante-huit heures. Daniel avait passé la nuit dehors avec Rahim. Il m'avait raconté qu'il n'avait rien pu faire pour son ami, à part rester à ses côtés, pendant qu'il pleurait, en lui posant la main sur le dos. J'ai honte de le dire, mais j'avais imaginé un garçon à moitié édenté. Rahim a une dentition parfaite. Son regard est d'une douceur noire sublime. Il a une allure de danseur de ballet.

Je regarde les trois jeunes hommes sortir les valises et les sacs sur le palier.

C'est l'heure. C'est vraiment l'heure.

Je me souviens du jour où Daniel est arrivé.

J'appelle Marius et Noé, qui lui disent au revoir de leur voix enjouée et sans drame.

Daniel s'assied par terre, comme il le fait toujours quand il a quelque chose d'important à dire. Il prend une inspiration et prononce lentement, profondément : « Merci. Merci beaucoup… » Je me retiens de lui couper la parole pour lui dire : « C'est à nous de te dire merci ! » Et voilà que sort de sa bouche cette parole inimaginable : « Pardon pour toutes les fois je ne pas compris. »

Pardon
Pour
Toutes
Les fois
Où je n'ai

Pas compris

D'un geste affectueux et maladroit je lui frictionne le bras et je m'écrie : « Oh non, Daniel ! Ne dis pas ça ! Tu as tout compris ! Personne ne comprend aussi bien que toi ! »

Il sourit et il s'en va.

Il est parti.

*

— Daniel, on va le revoir ? demande Noé.

— Évidemment qu'on va le revoir !

— Et s'il sait plus où dormir, on lui dira de revenir.

— Évidemment, Noé.

— Donc, y a pas de problème !

— Il n'y a aucun problème.

— Alors pourquoi t'es triste, maman ?

*

Les enfants entrent dans la chambre de Daniel. Ils s'asseyent sur le lit et regardent autour d'eux.

— Noé, on remet nos jeux à leur place ?

— Si Daniel revient, vaut mieux tout laisser comme ça.

— Il va pas revenir tout de suite. Il va habiter dans le lycée… On n'a qu'à tout remettre comme avant, et quand Daniel revient, on enlève vite nos affaires et on lui rend sa chambre !

— T'as raison, Marius. On fait comme ça.

LES PAGES BLANCHES

Quatre mois plus tard.
11 mars 2018

Daniel est venu fêter son anniversaire à la maison. Avant son arrivée, les garçons étaient surexcités. Ils dansaient sur *Alexandrie Alexandra* en jetant en l'air tous les coussins de la chambre de Daniel. Depuis que Daniel est parti, on continue d'appeler la chambre du milieu « la chambre de Daniel ». Avant, elle n'avait pas de nom.

Les garçons m'ont aidée à préparer le gâteau aux amandes. On a acheté des bougies qui lancent des feux d'artifice, des pyramides de bonbons et le cake au citron que Daniel adore. On lui a offert un album photo, emballé dans un papier cadeau que Noé a recouvert de cœurs et de tyrannosaures : Daniel entre dans l'eau de la plage de la Gravette, il contemple *La Chèvre* au musée Picasso d'Antibes, il joue au foot avec les garçons aux arènes de Lutèce, il prend un thé avec Marius, il joue aux échecs avec Noé sur la table en Formica rose… La dernière photo est un gros plan de Paris-Barracuda-Jacob.

Daniel tourne les pages en faisant « Ooooh ! Ooooh ! ». Ses si jolis *Ooooh*, doux et ébahis. Nous sommes tous les quatre autour de lui.

— Daniel, t'as vu toutes les pages blanches qui restent ? demande Noé. On va pouvoir coller encore plein de photos.

TABLE

La chance!	7
Le territoire des ours	11
Le lit	13
La chasse aux femmes nues	15
Douches divines	17
La montagne sous le métro	21
1789	25
La légende du tapir bicolore	27
Sous le sabot d'un cheval	31
Daniel	35
Putain de camion	37
Donner	43
Qu'as-tu fait de ton frère ?	45
Le Prince à la Petite Tasse	51
Souveraineté du poulpe	57
Si la guerre est finie	65
Le trac	69
L'île possible	71
Ma maman	75
Les Jours heureux	83
Quand j'étais riche	91
Les petites choses si grandes	95
Reza dans la jungle	99
La cabane	101

Table

Sourire rézien	105
Nous autres réfugiés	109
La grenade	115
Mark Zuckerberg, mon amour	121
On va pas en prison pour ça	125
Prendre langue	129
Athéna, la déesse aux yeux de vache	133
Astérix à Massada	139
Mille mondes	145
Paris-Barracuda-Jacob	151
Stella	155
Têtu Roi	159
Le grand retour des femmes nues	167
Je cherche mon fils	171
Pour le style	175
Maniaque Manioc	181
Fluctuat nec mergitur	185
La chambre de Daniel	191
Les pages blanches	195

Du même auteur

Romans

Les Amants terrestres, Le Cherche Midi, 2005
Chute libre, éditions du Rocher, 2007 ; Prix littéraire de la Vocation 2009
Les Pendus, éditions Ramsay, 2008
Le Joli Mois de mai, Héloïse d'Ormesson, 2010
Héloïse est chauve, Héloïse d'Ormesson, 2012 ; Prix Bel-Ami 2012
Une sainte, Héloïse d'Ormesson, 2013
La Disparition du nombril, Héloïse d'Ormesson, 2014 ; Prix Roger-Nimier 2015
Popcorn Melody, Héloïse d'Ormesson, 2015 ; Prix des lycéens d'Île-de-France 2016
L'Enlèvement des Sabines, Héloïse d'Ormesson, 2018

Récit

La Femme à modeler, Naïve, 2012

Jeunesse

Jules et César, Naïve, 2013
Mamie Antoinette, Naïve, 2013
Kim Ono, Naïve, 2013

Photocomposition PCA

Achevé d'imprimer en décembre 2018
par CPI
pour le compte des Éditions Calmann-Lévy
21, rue du Montparnasse, 75006 Paris

CALMANN LEVY s'engage pour l'environnement en réduisant l'empreinte carbone de ses livres. Celle de cet exemplaire est de :
500 g éq. CO_2
Rendez-vous sur www.calmann-levy-durable.fr

PAPIER À BASE DE FIBRES CERTIFIÉES

N° d'éditeur : 2107095/08
N° d'imprimeur : 2041259
Dépôt légal : décembre 2018
Imprimé en France.